10分钟瘦腿美腿

凰朝工作室　编著

♡爱生命～♡爱生活～♡爱美丽

中国纺织出版社

目录 CONTENTS

PART 1
美腿私房话

PART 2
美腿工坊 运动与按摩

足踝点睛之美

更多美腿锦囊

PART 3
居家美丽方案

PART 1

美腿私房话

□ 性感美腿评测

□ 瘦腿最需关注的部位

□ 塑腿需要养成的好习惯

……

性感美腿评测

一双美腿，首要条件就是长；其次还要大腿丰，小腿劲，大腿短，小腿长，有变化才有曲线之美。理想的优美双腿在并拢时，双腿间只有四点接触，即大腿中部、膝关节、小腿肚和脚跟。这样双腿所形成的既有接触又有间隙的姿态，才能构成丰隆有致而性感的腿形。

【性感美腿的标准】

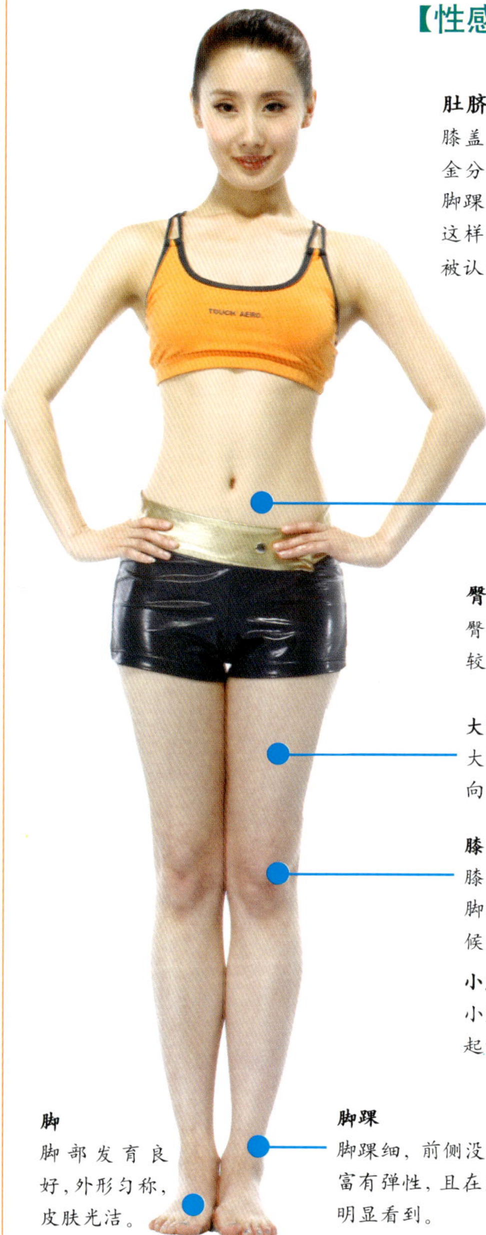

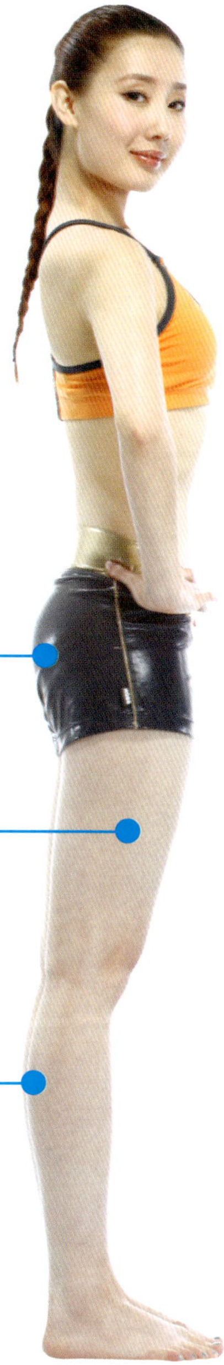

肚脐

膝盖是足底至肚脐间的黄金分割点，肚脐是头顶到脚踝的黄金分割点。合乎这样的身体比例，双腿就被认为是修长的。

臀部

臀部收紧，臀围线在较高的位置。

大腿

大腿肌肉紧绷，不横向发展。

膝盖

膝盖周围没有赘肉。脚踝靠在一起的时候，膝盖应恰好并拢。

小腿

小腿肚不松软，隆起的地方在较高处。

脚

脚部发育良好，外形匀称，皮肤光洁。

脚踝

脚踝细，前侧没有赘肉。健康的跟腱应富有弹性，且在用脚尖站立的时候可以明显看到。

美腿密码

大腿理想尺寸计算方法 <<

身高（厘米）× N（0.29 ≤ N ≤ 0.3）

小腿理想尺寸计算方法 <<

身高（厘米）× M(0.2 ≤ M ≤ 0.21)

脚踝理想尺寸计算方法 <<

身高（厘米）× 0.118

以身高162厘米的女孩为例，大腿理想尺寸是46.98～48.6厘米，小腿理想尺寸是32.4～34厘米，脚踝理想尺寸是19.1厘米。

另外，理想的腰臀比例对于衬托修长美腿也是很重要的。腰臀比例是腰围和臀围的比值，健康未育女性的腰臀比一般在0.67～0.80之间。

附：

世界卫生组织2000年建议的亚洲人理想腰围	
女性	≤ 80厘米
男性	≤ 90厘米

丽人美腿志

小提醒

说到底，我们罗列的这些美腿标准仅仅是理想。生活中拥有如此完美体型的人很少，这是无可奈何的事。但是，无论是谁，都有追求美丽的权利。请确信，只要稍加努力，就一定能改善体型，拥有美腿。

测量方法

臀围测量法 <<

测量臀部最大的部位。

大腿测量法 <<

站立状态测量大腿最粗部位的周长。

小腿测量法 <<

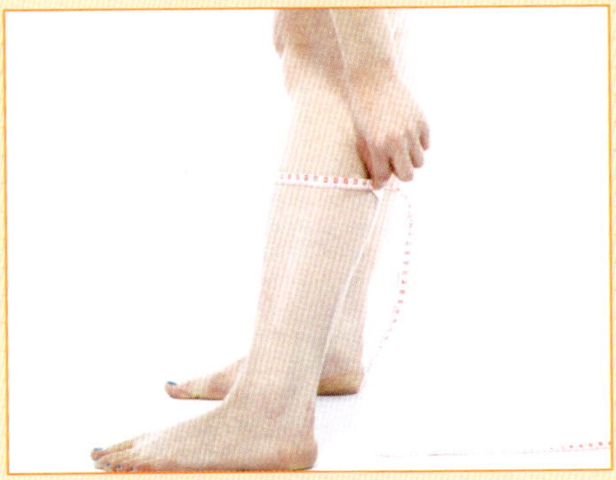

站立状态测量小腿最粗部位的周长。

瘦腿最需关注的部位

大腿

大腿皮肤的皮脂腺较多，移动度较大。大腿的浅筋膜厚薄不一，股前区的浅筋膜内含有大量脂肪，分深、浅两层，分别与腹前壁浅筋膜的深、浅层相续。大腿后部的浅筋膜较前部的厚。大腿也是易形成脂肪堆积的常见部位之一。

达人秘诀 <<

跑步是消耗热量的好方法，但对于大腿很粗胖的人来说却不是最佳选择。因为这些人往往会觉得跑步很艰难也很不舒服，所以往往都坚持不下去。而采用行走和跑步相结合的方法就会好得多。当你不感到艰难时，可以适当增加跑步而减少行走。一边跑步一边听音乐也是不错的选择。

游泳是一项全身性的有氧运动，但游泳对健美大腿的作用不是太大。如果你想在游泳池中健美大腿，可以在浅水中行走，或者穿上救生衣在深水处行走。水的天然阻力会使你的大腿得到强有力的锻炼，这种锻炼效果是在陆地上跑步所得不到的。不仅如此，你还会发现身体其他部位的脂肪也会因游泳而减少。

需要改变的习惯 <<

大多数瘦腿不成功者，主要是由于太依赖锻炼，而不注意饮食。这些人常常明显地限制热量的摄入，但不太考虑脂肪对腿部的增肥作用，对脂肪的摄入无太多限制。因此，在饮食上要做到低脂肪和高纤维相结合。例如，多吃些蔬菜和水果，少吃富含脂肪的食物，如快餐等。

小腿肚

腿显得长的关键在于腿肚处腓肠肌的位置，如果这个位置高，就能奇迹般地使膝盖下的小腿显得长。

达人秘诀 <<

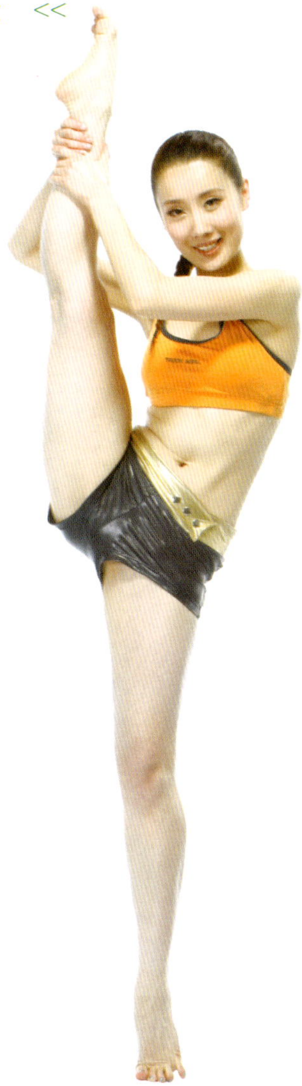

如果小腿粗，先看看脚踝是不是也粗呢？如果是，那么光是小腿变细，美腿效果也不是很明显的。在做腿部练习时，也应注意把脚踝处的脂肪减掉。其实有很多瘦小腿的运动和韵律操都是很有效果的，但一定要坚持。很多人在短期之内看不到明显效果就放弃了。另外，像倒立、压腿和踢腿都能帮助塑造腿部线条，游泳、跑步、跳绳和打排球等运动可以使小腿一直处于紧张状态，是减掉腿部脂肪的好办法。但大量运动容易形成肌肉，过硬的肌肉线条可是美腿的大敌，所以运动后按摩是拥有迷人小腿线条的关键。用热水泡澡，并用双手按摩小腿肚，能避免 运动形成过硬的肌肉线条。

需要改变的习惯 <<

如果你有翘腿的习惯，最好快快改掉，翘腿会阻碍血液循环，引起小腿和脚踝浮肿、静脉曲张等各种腿部问题。

丽人美腿志

临时救急法

如果临时需要出席重要场合，教你一个快速减轻浮肿的绝招，10分钟就能让小腿看起来更加紧致。将手掌贴在跟腱周围，从下至上按摩10次。然后揉搓小腿肚肌肉，直到小腿肌肉变热。接着五指紧并手掌弯曲呈中空状态，从脚踝开始向腿弯处拍打。按摩后涂上瘦身霜，再把腿抬起来休息一会儿，就能有效减轻小腿浮肿。

膝盖

如果膝盖有多余的脂肪，会使腿显得又短又粗。很多人都为自己天生的大骨节而烦恼，认为拥有一个美丽的膝盖，只能是梦想了。实际上，通过锻炼，这是可改善的。

达人秘诀 <<

多多从事活动膝部的运动，如慢跑、健身操、跳高、跳远、游泳等，并在运动过程中有意加力屈伸膝关节，使膝部积聚的脂肪有所消耗，使其周围的赘肉收紧。健身专家认为，游泳是女性美膝最为“立竿见影”的运动项目，特别是需要膝盖发力以蹬出小腿的蛙泳，效果更为明显。另外，还可以经常按摩或拍打膝部，加速膝部血液循环，减少脂肪在膝部堆积。

小巧的按摩棒能使按摩功效加倍哦！

需要改变的习惯 <<

有节制的运动才有益于健康。太辛苦的登山、跑步等高强度运动会伤害到膝盖。

脚踝

不管大腿和小腿肚如何细长，如果脚踝没有紧收，腿部仍没有修长线条感，而大腿和小腿肚即使是同样粗细，只要脚踝纤细，依然会使腿部线条显得优美。

达人秘诀 <<

脚踝的粗细并非由骨骼大小决定。本来脚踝处不易堆积脂肪，但由于不运动，再加上浮肿等原因，时间一长，脚踝处就会有脂肪堆积。所以，在平时有意识地运动一下脚踝吧。比如试着踮着脚尖走一段路，或者以脚踝为中心让脚画个圈。只要坚持练习，脚踝还是很容易纤细下来的。

需要改变的习惯 <<

踝关节扭伤已经不是美丽不美丽的问题了。在平时应不要从高处跳下，以防足部突然受到内翻性暴力而损伤。运动前进行充分的准备活动，运动时选择鞋底柔软的高帮鞋等。

塑腿需要养成的好习惯

⊙腿部按摩

当天的疲劳或浮肿最好当天消除，沐浴后不妨做做伸展操或按摩，对于瘦腿会很有帮助。

⊙早起&早餐

早睡早起的规律生活是让脚瘦下来的基础。一日之计在于晨，早餐一定要摄取均衡的饮食。

⊙正确的走路方式

使用脚踝、膝盖、大腿用力来走路才能雕塑出优美的腿部线条，稍加注意，就会发现自己常常忘了这些关键。

⊙泡澡

泡澡不但可以促进新陈代谢、消除疲劳，还可以预防浮肿，沐浴剂也可以让身体温暖起来。

⊙膝盖并拢

坐在办公室或上课的时候，膝盖最好并拢，虽然是一个很辛苦的姿势，不过持续三天之后就会变得比较轻松。

⊙尽量走路

对消除脂肪非常有效的有氧运动就是走路。以正确的姿势长时间在平地上走路是美腿的秘诀。

⊙伸展运动

需要长时间维持同一个姿势（如长时间坐着或站着）的工作很容易让腿变粗，不妨利用少许时间做伸展运动，让关节活动一下，就可以预防“大象”腿哦！

塑腿需要戒除的坏习惯

穿不合格的鞋子 <<

穿太紧或太松的鞋子走路时，脚踝必须非常用力，所以很容易变粗哦。

摄取过多脂肪 <<

食用奶油或蛋糕类食物会摄取太多脂肪，要多吃蔬菜与蛋白质食物，摄取均衡的营养。

跷二郎腿 <<

若为了轻松经常跷起二郎腿的话，很容易压迫到膝下淋巴结，骨盆也很容易歪曲，这也是造成O型腿的原因。

运动太少 <<

运动不足，腿部就易积累脂肪。要好好利用生活零碎的时间来运动双腿，比如：搭车时，大腿内侧稍微用力夹紧，如此一来可以帮助肌肉运动。

忍着不上厕所 <<

工作时或许因为太忙而忍着不上厕所，会让腿变粗，勤跑厕所也是让腿瘦下来的要领哦！

斜坐 <<

骨盆不正绝对会影响腿的美丽。斜着坐很容易导致骨盆歪曲。

熬夜 <<

如果怕麻烦或者生活不规律的话，是很难雕塑出一双美丽的腿的。凌晨两点就寝也太晚了，最好养成晚上11点前睡觉的习惯。

⊙对腿部有好处的坐姿

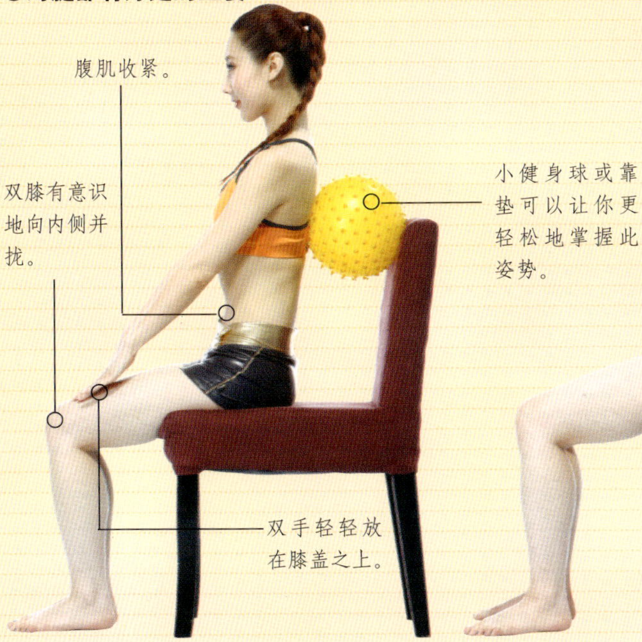

⊙不利于瘦腿美腿的姿势

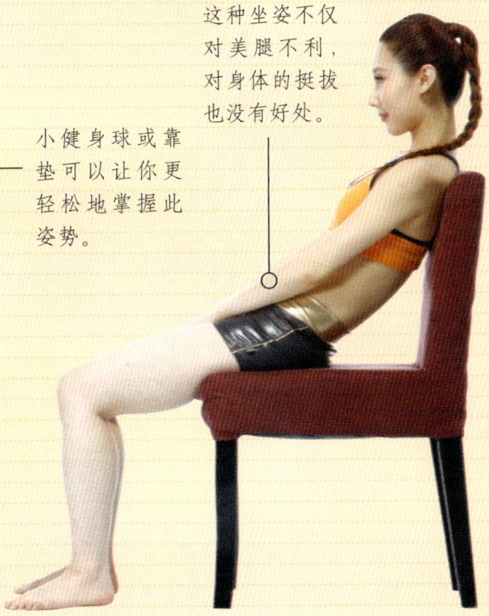

明星美腿串串秀

吴佩慈——乳液+按摩

作为模特的吴佩慈对于腿部的保养很有自己的一套，她认为一双美丽的腿必须符合美腿的三大黄金法则：一是膝盖没有赘肉；二是脚踝紧致；三是小腿肚要高。

她厉害的美腿秘密是每天必涂薰衣草乳液，并进行按摩以松弛腿部肌肉。先将乳液在手中搓揉，提升温度更易吸收；小腿按摩一定要由下往上；小腿胫骨一线、排水的穴位、足三里、膝盖下方的淋巴等重点按摩，这样按摩可以使淋巴不被阻塞，不易造成腿部浮肿。在按摩大腿时，由中间往两侧外面按就可以了。而对于膝盖，应用腿部专用的按摩霜，用左右向中间挤的手法按摩。

莫文蔚——民族舞蹈

“美腿，可能要从小开始注意，看你做哪些运动对你有影响。小时候我想学芭蕾，但我妈妈很聪明，她知道芭蕾很夸张，对腿的压力好大，让我学了中国民族舞。”莫文蔚把迷人性感的美腿归功于民族舞蹈。或许也正是跳民族舞蹈的经历给莫文蔚一双修长玉腿打下了良好的基础。另外，莫文蔚还说，无论多晚上床睡觉，她都要做一些轻缓的腿部拉伸、压腿的动作。

林志玲——饮食、运动、护理

有“亚洲第一美腿”之称的名模林志玲在一次公开活动中透露了自己的美腿秘诀。她说其实修长的双腿只有部分是天生的，她更强调尽力从饮食、运动、个人护理方面出发，塑造属于自己的完美腿部线条。

林志玲除了持之以恒地对腿部进行按摩，做腿部运动之外，平日里还很注意饮食热量的平衡，并且会多吃一些芝麻、木瓜等对美腿大有益处的食物和水果。水果方面，林志玲很推荐吃木瓜和香蕉。她说木瓜除了有丰胸的效果之外，对于容易堆积脂肪的下肢来说，还可帮助分解脂肪，降低胃肠的工作量，有助于让双腿慢慢变得纤细骨感。而虽然香蕉热量有点高，但是它可以当正餐吃，并且含有丰富的钾，而脂肪与钠却低得很。因此香蕉也很符合美化体型、美丽双腿的营养需求。

陈思璇

被誉为“台湾第一美腿”的名模陈思璇，对腿部的保养也有独特秘方，包括了最基本的美腿操到进阶的美腿美臀双效运动，以及让腿看起来更迷人的小撇步。下面就介绍给大家：

1.找一面墙，两脚掌贴于地面，两个后脚跟并拢，紧贴在墙壁上。

2.弯腰60度，弯腰时，让腰以上的上半身先离开墙面。

3.收小腹或用手压着小腹，慢慢将整个上半身，由上臀、腰至肩膀及后脑勺依次抬起，并全部平贴在墙面。此时肩膀放松，但臀部必须夹紧。

注意，每天维持本动作至少15分钟。步骤3完成时，身子会感觉有一点不自然，但不要怀疑，这就是将脊椎拉正、身子拉直、纤细腿部的不二法门。

丽人美腿志

更多明星的美腿秘方……

玛丽莲·梦露：每天在泡满冰块的浴缸中“浸泡双腿”，因为她坚信凉滋滋的冰块，可以让她的双腿既结实又细致。

河莉秀：选择在桑拿房的40℃高温红外线室内做瑜伽，不但促进出汗、加速血液循环，还可瘦腿兼塑腰。

大S：穿防静脉曲张裤袜，每天倒立双腿15分钟，平时多饮薏仁水消肿。

小S：平躺在床上做一些抬腰伸腿的小运动，或者经常穿着适脚的高跟鞋慢走。

郑秀文：步行、缓步跑和跳舞会使大小腿的肌肉得到一定的锻炼。

梁咏琪：随时扭扭腰、踢踢腿，有利于保持双腿肌肉的结实。

舒淇：尽量多走动，改掉总坐着不动的坏毛病。

陈慧琳：吃有瘦腿作用的食物，如海苔等。

李玟：除了上健身房运动外，每天临睡前，一定会躺在床上做完100个空中脚踏车，才会放心入眠。

瘦腿第一步——提高基础代谢

瘦腿与基础代谢的关系

基础代谢 <<

基础代谢是指人体在清醒而又极端安静的状态下，不受肌肉活动、环境温度、食物及精神紧张等影响时的能量代谢率。一个人的基础代谢高说明他在没有什么体力活动时仍然能保持比较大的能量消耗，那自然就不易发胖；反之，则能量消耗少，体重总是长增不减。

基础代谢的高低是减肥的关键。基础代谢高的人，消耗热量较快，他们不但不用节食，相反他们还常常感到饥饿，总是吃东西。基础代谢水平较低，利用和消耗能量的速度较慢，就会剩余较多的热量被身体储存了起来，转化成脂肪。要减肥，一方面要增加活动量来多消耗一些基础代谢余下的热量，另一面还得“吃少吃精”减少热量的摄入。

运动很辛苦，可以消耗的热量也实在很有限，一个汉堡的热量或许需要走一个小时以上的路才可以消耗完，那我们为什么还要选择用运动来减肥呢？因为运动最主要的减肥成效并非运动可以耗去多少的热量，而在于提高人体基础代谢。每次运动后，人体所提高的基础代谢可以维持约24小时。

丽人美腿志

温馨提醒

运动最重要的减肥成效在于可以提高人体基础代谢，而且会把提高的基础代谢维持较长时间。本书给读者推荐了用于唤醒身体特别是腿部的瑜伽、跳绳运动，然后分别针对臀部、大腿、膝盖、小腿、脚部等部位精心甄选出简便易行又成效显著的运动方案，可以最大限度且高效率地快速消耗腿部脂肪。不仅如此，我们还给读者贴心设计了饮食方案，给已提高的基础代谢再助一把力，尽早让你拥有迷人性感的腿部曲线。

影响基础代谢的因素

年龄 <<

从出生到20岁左右，人的生长激素可增加代谢速度，18～25岁时是基础代谢最高的时候。人到了25岁以后代谢就逐步减少，这也是为什么很多人年轻时不易发胖，但开始工作以后便逐渐变胖的主要原因。所以如果50岁以后身材走样也就不奇怪了。

性别 <<

男性体内的雄性激素较多，雄性激素也可增加代谢速率。女性在成年后大多要进行生育，生理的要求会使得女性较多地存储脂肪。所以女性会比男性更容易肥胖。

饮食 <<

人体的主要能量来源大都是由食物中的碳水化合物、脂肪和蛋白质这三大营养素提供的。过多摄入富含糖或淀粉的食物不会有效的增加身体的代谢率，脂肪更是如此。蛋白质则能相应提高身体代谢并产生热量，但动物蛋白中也会含有部分脂肪，不要过多食用，一定要根据自己的身体所需合理摄取。

运动 <<

运动是肥胖者的福音，它对能量消耗影响最大。在激烈运动的时候，代谢速率可达静卧时的20倍。即便在运动停下之后，能量消耗还会继续维持在高水平一段时间。

工作性质 <<

工作性质不同的人在能量消耗上也会不同，经常坐着的工作消耗能量少，而走动、负重则会增加消耗。所以体力劳动比较多的人，基础代谢通常也会高一些。很多人在上学时还有一些体育锻炼，但工作以后就很少运动了。

在激烈运动的时候，代谢速率达到静卧时的20倍。即使在运动停下后，能量消耗还会继续维持在高水平一段时间。

肌肉比重 <<

简单讲，在全身体重中肌肉所占的比重越大，基础代谢越高，这样的体质相应的就是易瘦体质；脂肪所占比例越高，基础代谢就越低。当你改变生活习惯的同时，也会不由自主地改变你的基础代谢。如果基础代谢是在逐渐提高，苗条身段就不再是梦想。

其他 <<

除以上因素之外，疾病、睡眠、生物钟、气候等也能影响基础代谢。所以生活规律、睡眠充足也是提高基础代谢的好方法。

提高基础代谢的途径

进行锻炼 <<

人体内的肌肉组织越多，越能燃烧更多热量，使新陈代谢加速。可惜的是，当我们过了30岁之后，肌肉会逐渐流失，进而导致代谢下降。因此，若想维持良好的代谢速度，就必须加强锻炼，增加日益减少的肌肉量。现在就开始锻炼吧，为身体积累更多可以燃烧脂肪的肌肉。

多喝水 <<

多喝水能促进肠胃蠕动，并通过流汗或排尿，把体内多余的毒素和废物排出来，加速基础代谢。如果喝的又是优良水源地的矿泉水，对健康的帮助则更多，能在喝水同时顺带补充身体所需矿物质。

深呼吸 <<

别怀疑，呼吸的方式的确会对代谢有所影响。呼吸的目的是为了把新鲜的氧气送进肺部，经由气体交换后，再把不要的废气，如二氧化碳，排出体外，达到净化血液、促进代谢与循环的功效。可惜大多数的呼吸都是无自主意识下的反射动作，每次吸气送进肺部的容量实在有限。呼吸频率越快表示呼吸量越小，好不容易吸进的氧气，还来不及发挥作用，就又被送出去了；短促的呼气，更使得二氧化碳等废气继续残留在肺里。所以与其做一百次短促的呼吸，不如经常提醒自己做深呼吸，帮助加速体内废物的代谢。

利用正确的按摩手法也能促进代谢 <<

体内淋巴液与血液循环是否通畅，会影响身体对于废物、毒素等物质的排除速度，因此通过正确的按摩手法，能维持血液循环的顺畅，加速代谢，顺利处理体内废物。

补充B族维生素，少熬夜 <<

经常熬夜或作息不正常的人不仅老得特别快，连健康也耗损得特别厉害，奉劝爱美的你，能不熬夜就尽量别熬夜吧！如果是因为工作需要迫不得已的话，就得多多补充富含B族维生素的食物，因为它们是促进人体新陈代谢的必要因子。B族维生素通常指的是维生素B_1、维生素B_2、维生素B_6、维生素B_{12}及叶酸、烟碱酸等，它们在促进新陈代谢、提供能量、保护神经组织细胞等方面，有很大帮助。

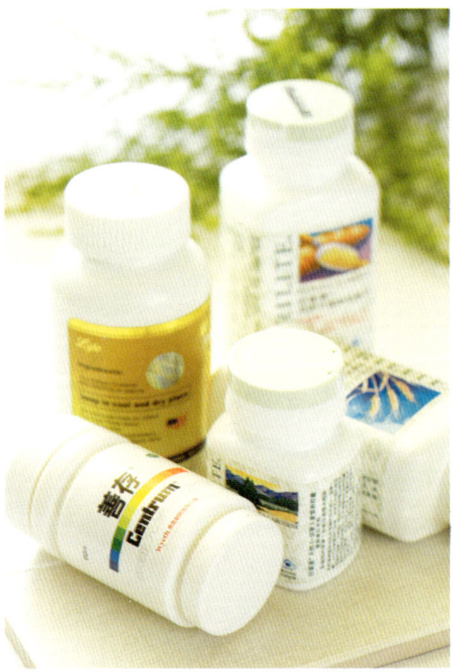

PART 2

美腿工坊 运动与按摩

□ 唤醒双腿

□ 紧实臀部

□ 纤细大腿

……

蝗虫式

1.俯卧，下巴顶着地。两腿伸直，轻轻并拢。手背朝下，放在鼠蹊部。

2.吸气的同时，左腿像是伸向远处一样，慢慢抬高。至极限后，屏息一会儿。然后一边呼气，一边把腿慢慢放下。换右腿做同样动作。

3.额头贴地，深深吸气，屏息，两腿并拢同时抬起，用额头和两手来保持身体平衡。再慢慢呼气，同时将双脚放下。

1

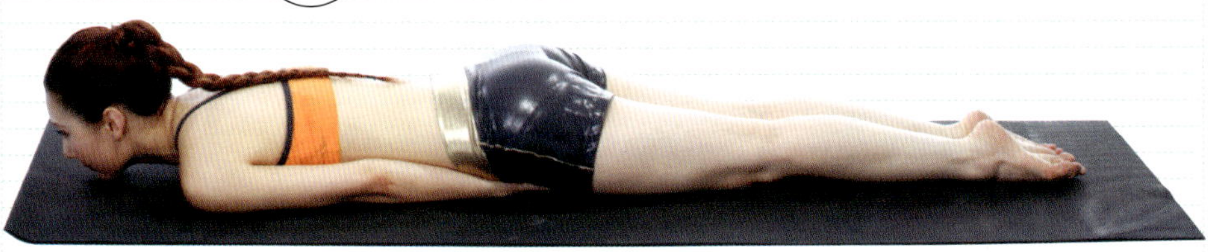

吸气

2

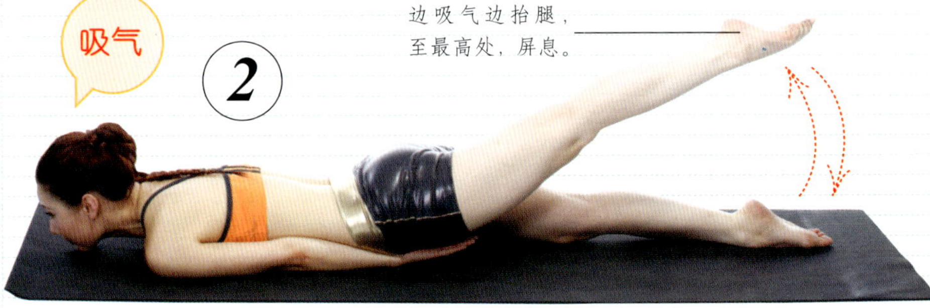

吸气

3

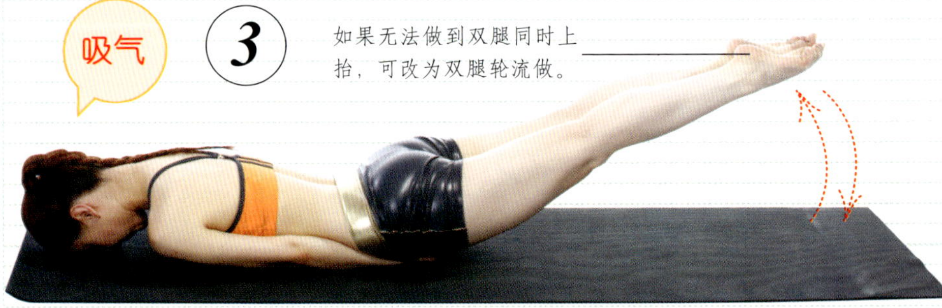

猫背伸展式

1．像猫咪一样趴在地上，两手张开与肩同宽，膝盖张开与腰同宽，脚尖点地。

2．呼气的同时，左腿向后伸展抬高，膝盖虽不用挺直，但也别太弯。

3．抬起头，尽量伸展胸部，同时将腿抬得更高些。

4．手肘弯曲，胳膊交叉相叠，下巴贴在手背上。稍屈膝，将抬起的脚自由转动。同时进行深呼吸。完成后还原为起势，然后以同样步骤换腿做。

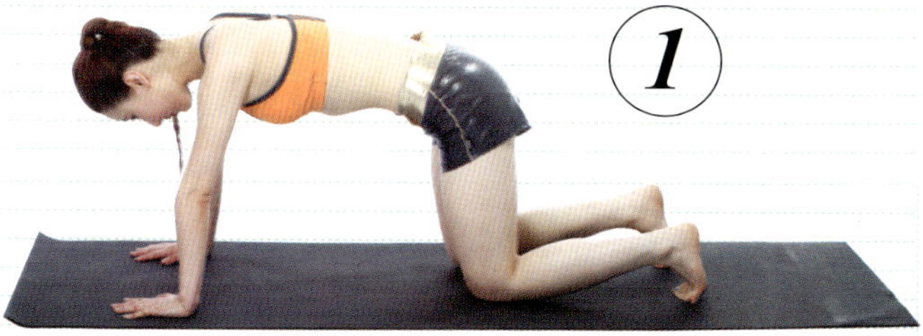

TIPS

抬高腿时，容易塌腰、曲肘、压肩；这样就起不到对大腿和臀部的刺激作用了，注意避免哟！

前弯式

1.长坐姿准备，两腿伸直并拢，用双手手指扣住脚拇指。抓不到脚趾的人，可以抓住脚踝或是小腿。

2.一边吸气一边将上半身抬起，下巴尽量抬高。

3.一边呼气一边将身体往前倾，试着将头放在膝盖中间。

4.将头抬高，恢复到起始的姿势。

半莲花树式

1.站姿准备，肩膀放松，缓缓抬起右腿，将脚跟放在左大腿上。

2.双手在胸前合十，四指并拢，大拇指交叉相握。无法以此姿势站立的人，也可以将右脚平贴在左大腿内侧。

3.一边吸气，一边将合十的手掌朝头顶上方举起。维持这个姿势不要动，进行深长的腹式呼吸。

4.呼气，慢慢恢复起始站姿，换另一腿重复同样动作。

战士第三式

1.站立，双掌合十，高举过头，在耳后夹紧并尽力伸展。

2.左腿向后撤一步，脚尖点地。

3.左腿慢慢向上抬起，同时吸气收腹，以腰部为中心，上身向前倾。一边伸直左腿，一边压低上身，手臂向远处延伸，直至手臂、左腿和身体形成一条直线。保持这个姿势5～20秒后换右腿抬起，重复动作。

1

2

吸气

注意收腹。

3

TIPS

气沉丹田、均匀而缓慢地呼吸、目光固定在脚前方的地板上，这些小窍门能帮你保持平衡哦！

唤醒双腿

让双腿活跃起来 简单易学的跳绳

如果要评选出一种最为高效的有氧运动方式，跳绳绝对是票数数一数二的项目。因为跳绳10分钟就可以消耗150～200千卡热量，相当于以每分钟160米的速度跑步。如果评选加速腿部脂肪燃烧而又简便易行且相对安全的运动方法，跳绳也是当仁不让的冠军项目。在跳绳过程中股四头肌、臀部肌肉、大腿内收及外展肌肉等都受到了锻炼，更为可贵的是，跳绳对膝关节的冲击力只有跑步的一半。

◎选择合适的鞋子

在跳绳的时候，一定要选择合适的鞋子。跑步鞋不是为了前脚掌落地与弹起设计的，因此跳绳最好穿全能训练鞋、网球鞋或是篮球鞋。

◎对地面的要求

跳绳运动只需要很少的活动空间，但地面必须平坦，最好在地上铺上地毯或软垫。

跳绳的长度要适合自己的身高，你可以用一只脚踏在绳子的中间，再把绳贴身向上拉。如果手柄正好位于腋下，长度就正合适。

◎绳子问题

跳绳运动最重要的工具就是绳子，在选择时只要长度和重量感觉舒适，无论哪种质地的绳子都可以。但因为材质的不同，会有太粗、太重或太轻的情形，因此还是选择适当材质做的绳子比较好。初学者可用塑料跳绳。

现在有一种电子计数跳绳，不但可以自动计数，还可以显示出跳绳所消耗的热量数及相当于行走多少公里的路程，非常方便，也使跳绳变得不再枯燥。而且你还可以在跳绳的同时，听听音乐或看看风景，把跳绳变成一项有趣的运动。

◎别忘了暖身运动

跳绳是一项比较激烈的运动，练习前一定要做好身体各部位的暖身运动，如肩膀、手臂、手腕、脚踝的活动。开始练习跳绳时，动作要由慢到快，由易到难。刚开始每次运动时间5～10分钟即可，再慢慢增加到10～15分钟，中间可以稍事休息，之后接着再跳。跳绳的时间一般不受任何限制，只要避免引起身体不适即可，但注意饭前和饭后半小时内不要跳绳。

◎跳绳的花样

- 双脚跳：双脚同时跳起与落地。
- 交替跳：左右脚交替跳起与落地。
- 原地跑跳：快速左右脚交替跳。

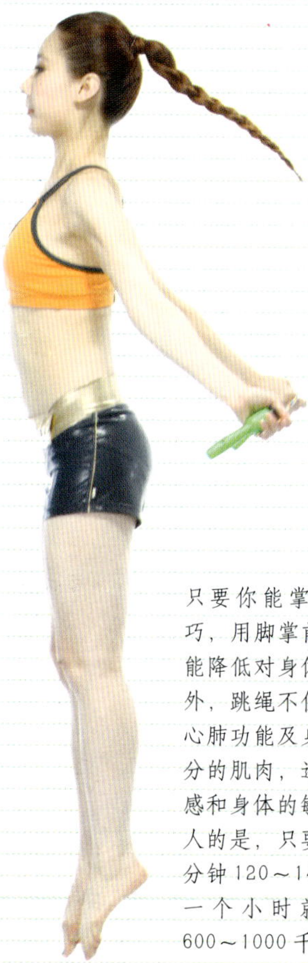

只要你能掌握跳绳的技巧，用脚掌前端着地，就能降低对身体的冲击。另外，跳绳不但能强化你的心肺功能及身体各主要部分的肌肉，还可训练平衡感和身体的敏捷度。最诱人的是，只要你能保证每分钟120～140次的速度，一个小时就可燃烧掉600～1000千卡的热量。

- 高抬腿交替跳：以交替跳为基础，高抬腿。
- 分腿跳：双腿在空中前后分开，落地时一前一后，下一跳交换位置。

◎跳绳瘦腿法如何进行

初学者刚开始不要跳得太快，而且要特别注意小腿肌肉的伸展状况，原则上每跳100～200下就可以稍事休息。若要达到预期的功效，每分钟最少要跳100次，理想心跳速度约为150次／分钟。

当你越来越熟练，技术和体力都越来越好后，运动的功效就需加大很多，若你能每分钟跳到140下，那只要跳6分钟，运动效果就相当于慢跑半小时，而且跳绳后再去慢跑，也会发现自己的肺活量越来越大。

剧烈的跳绳运动后不要立刻停止下来，应继续以较慢的速度跳绳或步行一段时间，让血液循环恢复正常后，才可以停止下来。之后要记住做一些伸展、缓和的动作，才算是真正结束运动。

下面推荐给初学者一套跳绳渐进计划：

跳绳计划表

次数	用时（单位：秒）	方式	休息时间（单位：秒）
60	30	双脚跳	45
90	45	分腿跳	30
120	60	原地跑跳	30
180	90	分腿跳	60
240	120	交替跳	60
360	180	双脚跳	90
240	120	交替跳	60
180	90	分腿跳	60
120	60	高抬腿跳	30
90	45	分腿跳	30
60	30	原地跑跳	45
180	90	分腿跳	90
60	60	双脚跳	放松

唤醒双腿

激活双腿 小乒乓球的大作用

站姿收腿

1.站姿，左腿向后弯曲，将一个乒乓球夹在左腿膝盖后部，并用力夹紧。

2.将弯曲的左腿尽力向臀部靠近，至最高点时保持数秒钟，然后恢复预备动作。

3.不要取下乒乓球，再将左腿尽力向前向上抬高，至最高点时保持几秒钟，然后恢复起始动作。反复练几次，然后换腿练习。

仰卧屈腿

1.平躺在地板上，屈膝，双脚平放，将乒乓球夹在两膝中间。

2.两膝用力夹紧乒乓球，然后将两膝同时向胸前靠近，臀部不要离地。

3.至最高处后，将双腿缓缓向上伸展，直至完全伸直。

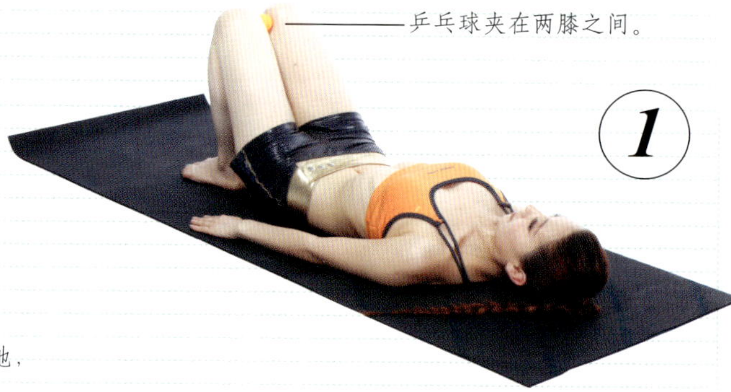

乒乓球夹在两膝之间。

注意臀部不要离地，发力部位是双腿。

注意体会腿部的紧绷感。

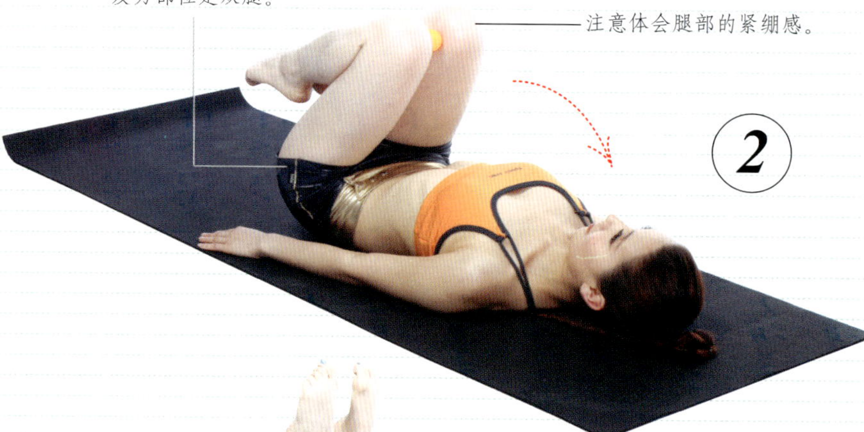

TIPS

绷脚面会让你自然的保持全腿的紧张和用力。

为什么臀部又大又难看

浑圆、挺翘的臀型，才是性感的象征，不论是穿牛仔裤还是迷你裙，走在路上，光看背影就叫路人羡慕不已呢。不过，曲线完美的臀型可是得来不易，除了遗传的影响之外，现代人的生活状态也是造成臀型不美的原因。

◎久坐不动

久坐不动会造成血液循环不良、淋巴循环缓慢、消化不良等问题。再加上姿势不正确，坐时习惯弯腰驼背或是翘腿，站时塌肩凸肚，都会压迫身体的器官，减缓内脏机能的运转效率，

如何应对

想要恢复美臀的美人，既然下定决心甩掉臀部与后腰之间的赘肉，就该谨记随时抬抬腿、提提臀的秘诀，平时只要有机会站着就不要坐着。多走动，再配以穴位的按摩刺激，相信俏丽美臀终将属于你，以后再也不必靠衣服遮遮掩掩了。

◎饮食习惯

对食物无法抗拒，摄取的过多热量就会转化为脂肪慢慢滞留体内，集中在下肢部位的脂肪量也就会随之增加。

如何应对

高热量食物、垃圾食物、高糖分饮料及油炸类食物等还是少吃为妙。

◎穿衣不当

这些是我们常疏忽的，例如不当或绷得太紧的衣物、皮带，都会导致身体内部的体液堵塞在某些部位，久而久之，便会造成身材的臃肿或肌肤的凹陷、纹路。而且，紧身衣也会放大臀部的缺点

如何应对

衣物可以穿得合身，但千万别长时间穿太过束缚的衣物。可以试试A字裙，修饰臀部曲线。

在家、在办公室时关抽屉、关柜门为什么不可以用臀部呢？经常找机会让臀部紧张，可以帮你塑造小俏臀呢！

紧实臀部

臀部曲线"动"出来 ①
速效而时尚的普拉提

天鹅潜水　练习次数：5～8次

功效多多　强化臀部曲线，预防臀部下垂。

练习方法

1.俯卧，额头贴地，手臂弯曲，紧贴着身体两侧。双腿打开与肩同宽，脚背贴地，脚尖向后延伸。

2.吸气，双臂伸直以支撑身体，将后背、脊椎伸展开来。

3.熟练后进行进阶动作。收小腹，重心向后移，抬起身体，吸气，双手合十上前上方伸举。重复练习。

4.呼气，收小腹，双手向前张开、伸直，重心前移，让身体前倾，双腿伸直向后上方抬起，反复练习。

1

2

3

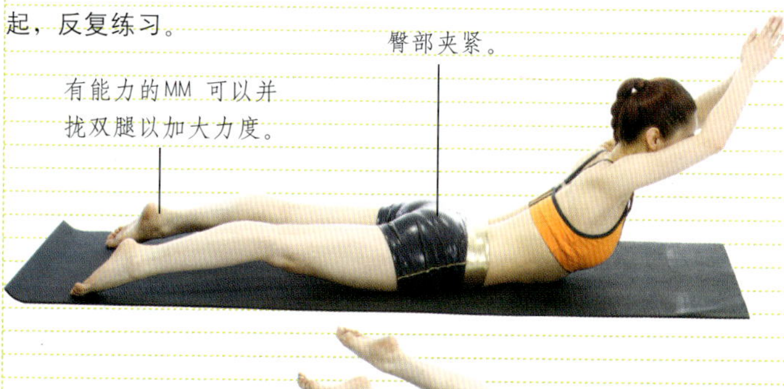

4

肩膀桥式

练习次数：3～6次

功效多多 美化臀部及腿部曲线。

练习方法

1.仰躺于垫上，双腿屈膝，脚掌着地，吸气准备。
2.吐气，臀部夹紧，垂直地往上抬起。与大腿骨、脊柱呈一斜线。
3.熟练后进行进阶动作。控制好身体的力量，伸直左腿，与上身成一条直线。呼气，勾脚。
4.吸气，延续上抬左腿，将脚尖指向天花板，膝盖伸直。
5.或者完成第2步后，抬起左腿，膝盖弯曲，使小腿与大腿呈90度角。

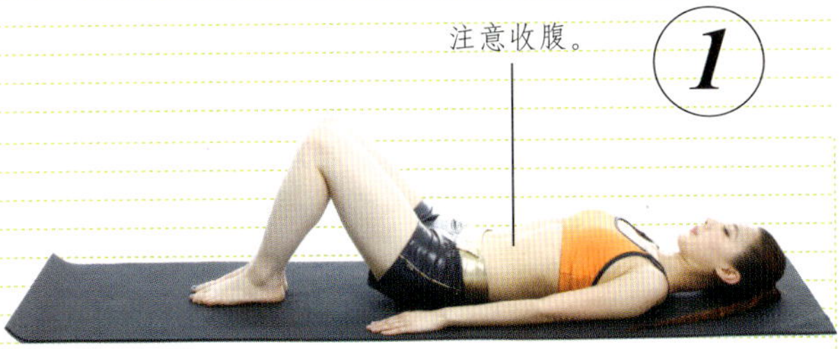

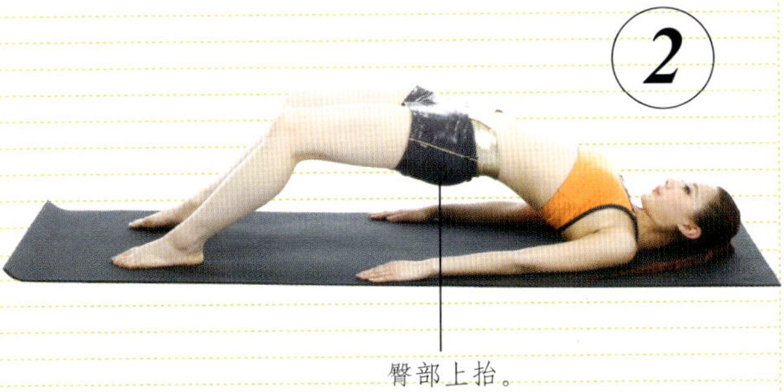

紧实臀部

臀部曲线"动"出来 ②

美臀体操

屈膝提臀

练习次数：每 10 次为一组，每次 1～2 组

功效多多 训练臀部肌肉，让原本松弛、下垂的肉肉变结实，告别松垮垮的大屁股，转而变成迷人翘臀。

练习方法

1. 平躺在铺有软垫的地板上或床上。
2. 两手自然平放在身体两侧，双腿膝盖弯曲。
3. 将臀部及腰部缓缓上抬，让大腿和脊柱呈一斜线，用力夹紧臀部，停留约5秒钟。重复步骤 2 和步骤 3 的动作 10 次。

站立后踢

练习次数：每 10 次为一组，每次练习 2～3 组

功效多多 加强修饰臀部外型，让臀部向上提高，预防下垂。

练习方法

1. 自然站立，右手扶住墙壁，左手插腰。
2. 将身体站直，左腿向后抬高约 45 度，停留约 5 秒钟。换右腿，重复之前的动作 10 次。

TIPS 腿向后抬高时，记得腿要尽量绷直，膝盖不可弯曲。

抬臀运动

练习次数：做15～20次

功效多多 紧实臀部肌肉。

练习方法

1.身体平躺，膝盖弯曲，脚掌贴地，双手放在头下。

2.边吐气边把腰尽量挺起来，直到已经把气全部吐光，再吸气并缓缓回到起始姿势。

1

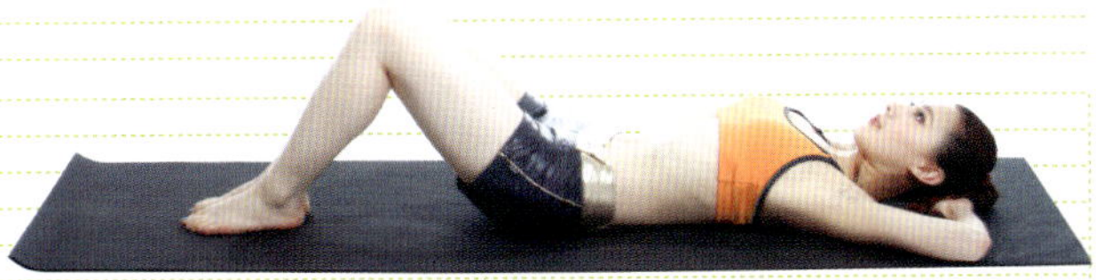

膝盖并拢，大腿夹紧，臀部收紧。

2

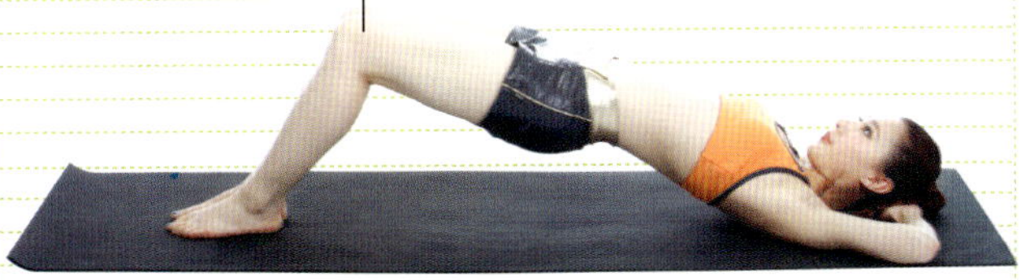

TIPS

每次做都要感觉到臀部有夹紧的感觉。

后踢运动

练习次数：每20次为一组，每次练习2～3组

功效多多 锻炼臀部肌肉，同时也可以练到腿部、腹部肌肉。

练习方法

1.直体站立，健身球放在体前，身体向前俯，双手放在健身球最上部，右脚向前跨步，右腿屈膝，让膝盖抵在球上。左腿后伸，脚尖点地，背部保持平直。

2.保持髋关节不动，左腿慢慢向上抬起，勾脚尖，尽力抬高，在最高点停留片刻，再慢慢放回地面。左腿重复练习15～20次，然后换右腿。

TIPS

在上抬腿、下放腿的时候，动作要均匀缓慢；另一腿膝关节抵在球上，以保持身体的平衡。

1

2

侧卧抬臀

练习次数：每组 10 次，做 3 组。如果你是初学者，开始时可以做 1 组，逐渐增加到 3 组

功效多多 加强臀肌、股四头肌、髋肌。动作过程中，为了保持身体的稳定，腹肌和竖脊肌都参与了进来，所以也得到了锻炼。

练习方法

1.身体左侧卧于地面，双腿伸直，右腿置于左腿的前侧，左肘弯曲，掌心朝下，身体重心放在左肘上，抬起头部。收紧腹肌，躯干保持正直，从脊柱到髋都在一条直线上。

2.保持腹肌收紧，用髋和臀部的力量，并用脚向地面下压，抬起髋部，直到从头到脚形成一条直线，保持一会儿。然后吸气，髋部下放，回到开始姿势。

TIPS

注意力集中，避免膝关节或臀部歪斜。

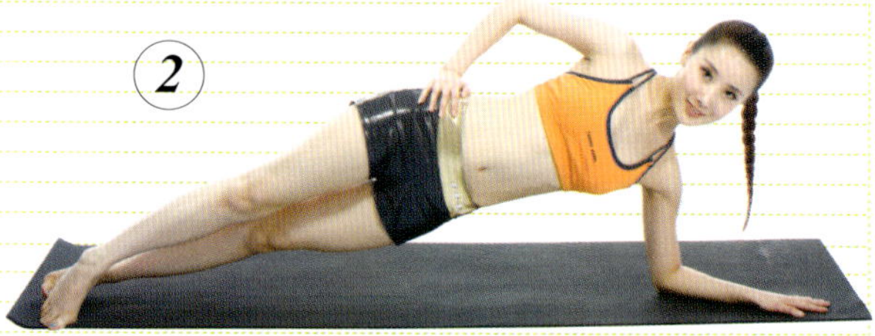

握哑铃下蹲

练习次数：两腿交替练习 1 分钟为一组，每次 3～4 组

功效多多 锻炼股四头肌、臀肌与股二头肌。

练习方法

1.两脚开立与髋同宽，两手各握一个哑铃，屈肘将哑铃举至肩部位置，掌心向内。同时，屈膝下蹲，重心落于两脚跟。

2.直腿起立，将一条腿屈膝抬起至膝盖与髋同高。然后还原，换另一侧腿，两腿如此交替练习。

TIPS

对于一般体重、身高的MM来说，推荐你购买3～4磅的哑铃。如果哑铃太重，可能会使腕关节受损。

紧实臀部

臀部塑形新花样 Easy 翘臀按摩

DIY 翘臀按摩霜

器具

量杯、搅拌匙、滴管、玻璃皿、压瓶罐。

材料

A：葡萄籽油 15 毫升，茴香精油 5 滴，杜松精油 15 滴，化妆品乳化剂 1.5 毫升

B：纯水 90 毫升，胶原蛋白 10 毫升，化妆品抗菌剂 1.5 毫升

做法

1. 将所有 A 材料倒入玻璃皿 A 中，拌匀。
2. 将所有 B 材料倒入玻璃皿 B 中，拌匀。
3. 将玻璃器皿 B 中的混合材料慢慢倒入玻璃器皿 A 内，并拌匀，再装入压瓶罐即可。

使用方法

取适量俏臀霜均匀抹于臀部，做按摩介质使用。

按摩功效

杜松精油具有消除赘肉的功效，茴香精油可防止肌肤老化；胶原蛋白能增加肌肤弹性，让臀部更结实。经常使用此翘臀霜可使臀部挺翘不下垂。

提拉臀部

练习次数：**每 10 次为一组，每次练习 2～3 组**

按摩功效 改善松垮的臀部外型，让臀部更结实、有弹性。多次按摩，很快就可以看见迷人翘臀。

按摩介质 翘臀霜。

按摩方法

1. 将翘臀霜挤在双手上，利用手掌及手指的力量按摩臀部，从臀部内侧，由下往上提拉。
2. 内侧提拉后，再提拉臀部外侧，对整个臀部都要做由下往上提拉的按摩，约 5～10 次。

TIPS

按摩时注意方向，要从下往上提拉。

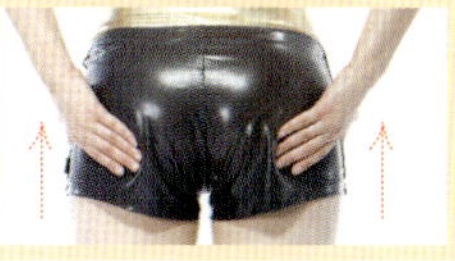

美臀穴位①：承扶穴

定位方法 承扶穴位于臀部下缘线正中央的位置，左右各有一穴。

按摩方法

中指及食指并拢，以增加按压力道，双手同时用中指指腹按压承扶穴，直至有酸胀感，约5秒钟放开，重复10次。如果臀部脂肪太厚不好按，也可以握拳敲打该穴位，约10～20次。

美臀穴位②：环跳穴

定位方法 环跳穴位于臀部正中央较靠臀部外侧1/3凹陷的位置。

按摩方法

中指及食指并拢，以增加按压力道，双手同时用中指指腹按压环跳穴，至有酸胀感，约5秒钟放开，重复10次。如果臀部脂肪太厚不好按，也可以握拳敲打该穴位，约10～20次。

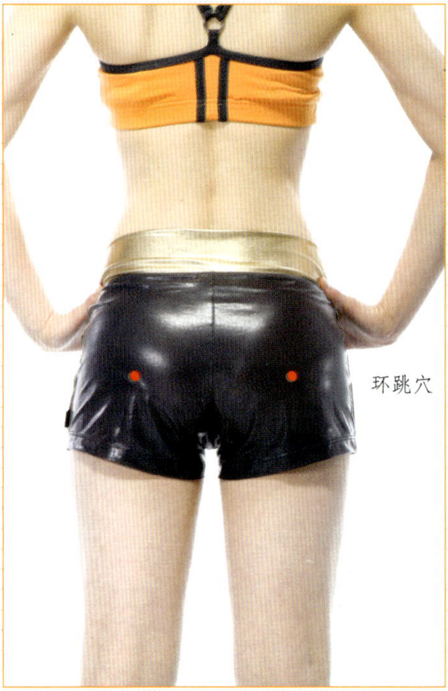

TIPS

除了可以分别按压穴位达到翘臀功效外，也可从承扶穴到环跳穴，依序按压，效果会更好。

纤细大腿

为什么大腿粗壮

大腿的肥肉是很多上班族和学生族心中的痛，因为长时间坐着，缺乏运动，便让大腿有了堆积脂肪的机会。尤其是大腿内侧，若累积太多的赘肉，还会在走路时不断摩擦，引起不适感。为什么会出现这种情况呢？

◎运动过量或不足

运动过度有可能会使大腿太过结实粗壮，但若是运动得太少，大腿肌肉不够发达，皮下脂肪过于柔软，便容易在内侧堆积脂肪，造成大腿肌肉松弛、肥胖。

如何应对

如果你不想将自己锻炼成运动选手般孔武有力的身材，那么适度的运动，才能塑造出你心目中的理想身材哦！美腿运动应该从日常生活做起，如爬楼梯、走路、骑自行车，如因工作所需要长期坐着，可以不时地抬抬腿或夹张纸紧缩大腿部赘肉，并常起身活动。更别忘了，洗澡后、睡觉前，好好按摩你的双腿，让肥肉没有累积的机会，也能消除一天的疲劳！

◎饮食问题

早餐不是蛋饼就是油条，午餐不是牛肉面就是排骨饭、自助餐，晚餐酷爱火锅、烧烤、牛排，宵夜则是泡面、包子、面包随口塞，如果这是你的饮食习惯，那么想要大腿不肥胖都很难！

如何应对

除了多摄取能调节水分、促进代谢的食物外，千万要远离高盐且会造成水分滞留的食物；晚间忌吃太多淀粉，否则会造成脂肪囤积。另外，高热量的食物易阻碍血液循环，爱美的你还是控制自己远离它们吧！

◎姿势问题

瘫坐在椅子上，或是斜倚在沙发上，会容易让骨架变形、循环不良、赘肉堆积。

如何应对

学习正确的坐姿，身体坐直，让背部与臀部呈一直线，紧靠着椅背而坐，也可以搭配使用护腰的背垫使背部紧靠。若坐太久，就要起来走动走动，尽量让自己每个小时都能起来走动5～10分钟。

纤细大腿

纤细大腿“动”出来 1
时尚普拉提

侧抬腿　练习次数：5～10次

功效多多　紧实大腿内、外侧及腰腹肌肉。

练习方法

1.身体侧躺，骨盆及脊椎保持一条直线，维持身体平衡。脚尖下压，头部靠在贴地的手臂上，以胸前的手臂辅助身体稳定。

2.吸气，将右大腿抬起，双腿保持平行。

3.呼气，两脚的脚尖保持下压，贴地的左大腿抬起，往右大腿靠拢。然后回到起始位置，吸气。完成一边动作后，再换另一侧练习。

1

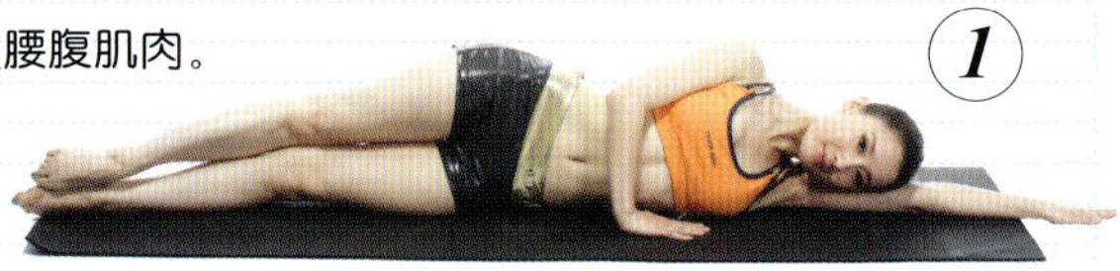

脚绷紧，才有助于拉长大腿。

2

3

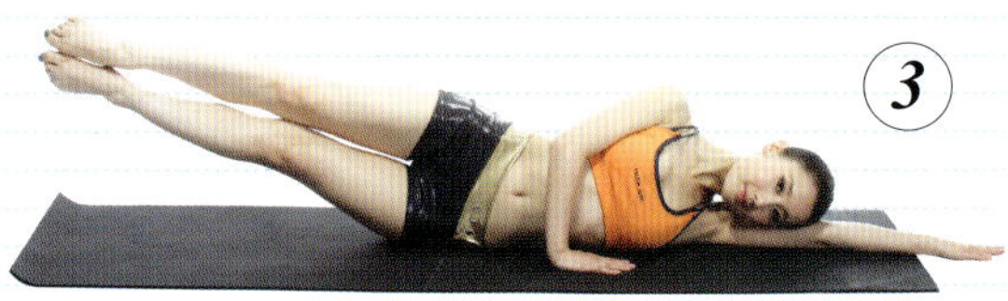

V字摇摆　练习次数：6～8次

功效多多　美化背部，修饰大腿线条。

练习方法

1.坐在垫子上，背部挺直，双腿向前伸直，膝盖打开与肩同宽，将双腿伸直上举。脚尖下压，双手抓住脚踝，维持身体平衡。

2.呼气，试着将身体重心往后移动，之后回到起始位置。

1

如果一时做不到，尽力就好。

2

前弯式

练习次数：3～5次

功效多多 紧实大腿肌肉，雕塑腰部曲线，消除腰部赘肉。

练习方法

1.身体仰卧于垫上，双手伸直过头顶与软垫保持水平。吸气，双腿伸直抬起与地面呈45°，脚尖下压。

2.吐气，以伸直过头的双手带动身体向上，停留在空中，手臂与双腿尽量平行，手臂、双腿尽量延伸、拉长。

3.练习熟练后可进行进阶动作。右手臂保持伸直，向内转，紧贴左腿外侧；左手伸直向体侧伸展。以腹部的力量保持平衡，注意呼吸的节奏。然后换另一侧，交替练习。

侧踢美腿

练习次数：8～10次

功效多多 美化腿部曲线。

练习方法

1.侧身单腿屈膝跪于垫上，右手支撑身体，左手手掌轻靠着后脑勺。左腿伸直抬高，脚尖勾起。

2.吸气，左腿保持脚尖回勾的状态，往前移动，最好与身体垂直。

3．然后呼气，将腿部向后伸展。之后回到起始位置，再换边练习。

纤细大腿

纤细大腿“动”出来 2 简单易学的纤腿操

紧实大腿前侧

练习次数：每 *15* 次为 *1* 组，每次 *2～3* 次组

1.站立，手扶固定物。一腿支撑另一腿抬起，脚离开地面。

2.绷脚尖，做画圈动作，顺时针、逆时针方向各画15圈，换脚重复。

TIPS

练习时要注意挺胸抬头，保持上体直立。

紧致大腿内侧①

练习次数：*20* 秒为 *1* 组，每次 *2～3* 组

1.站立，双腿分开比肩略宽。

2.屈膝，不要让膝关节超过脚尖的位置，尽量下蹲。双臂自然垂于身体两侧，上身保持正直，坚持20秒。

TIPS

下蹲时尽量保持上体直立。

紧致大腿内侧②

练习次数：5次为1组，每次3～4次组

1.仰卧屈膝，两脚分开与胯同宽，平放于地面，两臂分别置于身体两侧，掌心向下。右腿向上抬起，指向上方，脚尖绷起。

2.抬起的右腿按逆时针方向画圆圈，重复画5～10圈。然后换左腿。

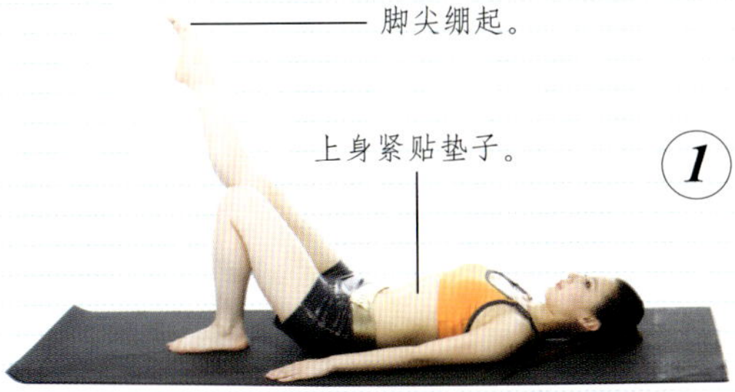

TIPS

动作过程中注意保持收腹，臀部固定不动。尽量把腿伸直，如果做不到可以稍微弯曲。

紧致大腿内侧③

练习次数：5次为1组，每次3～4次组

1.长坐姿准备，双腿在体前伸直并分开，保持背部和膝盖挺直。

2.向前屈体，双手去抓双腿脚踝，保持这个姿势10秒钟；感觉大腿内侧被拉紧。

3.放松，重复做5次。

TIPS

做以上动作的时候，要始终保持背部和腰部挺直。

瘦大腿体操

1.平躺在床上或铺有软垫的地板上，两手自然放在身体两侧。
2.将左膝盖弯曲并上抬，让左大腿与身体垂直。
3.左膝盖向身体外侧慢慢下压，让左大腿内侧的肌肉有紧绷感，停留约3秒钟后回复起始姿势。再换右脚练习，两脚交替进行5～10次。

1

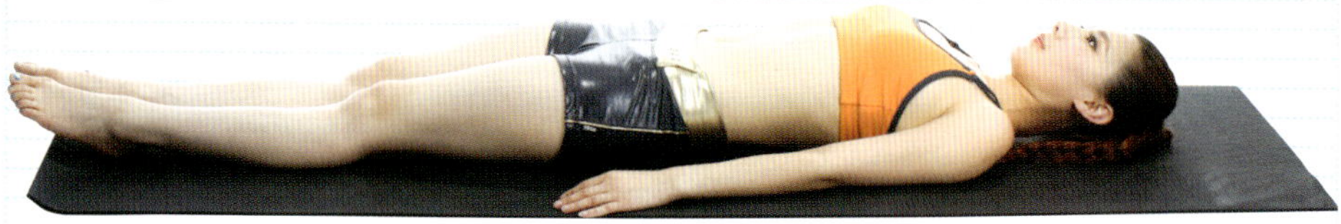

2

TIPS

此动作可以锻炼大腿内、外侧肌肉，经过多次练习，可解决大腿内侧肥胖的问题，减少大腿赘肉。

3

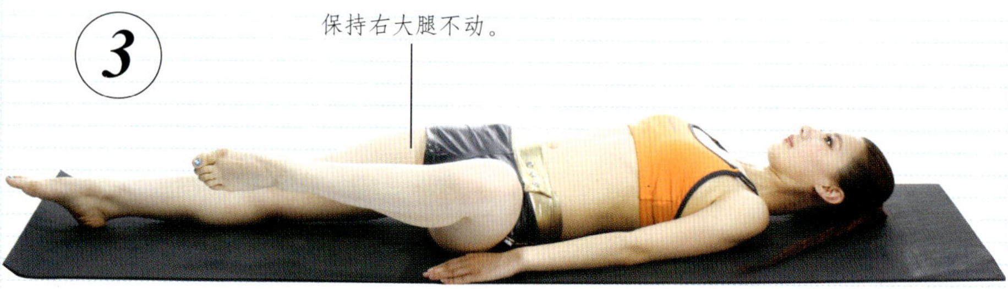

纤细大腿

纤细大腿“动”出来 3
弹性绷带的妙用

对于那些易产生脂肪堆积的部位，例如大腿和臀部，进行针对性的锻炼是十分必要的。这里介绍一种使用弹性绷带进行的拉阻力训练。开始时，可选用阻力较小的绷带；当肌肉力量逐渐增强时，再适当提高绷带的阻力以及练习次数。

侧身抬腿

侧卧。两腿上下放置，将弹性绷带套于双脚脚踝处，髋部略向前倾斜，双手如图支撑。位于上方的腿慢慢地并尽可能向上抬起，再放下。

俯卧提腿

俯卧。髋部紧压地面。两小腿轮换带着绷带上上下下运动。

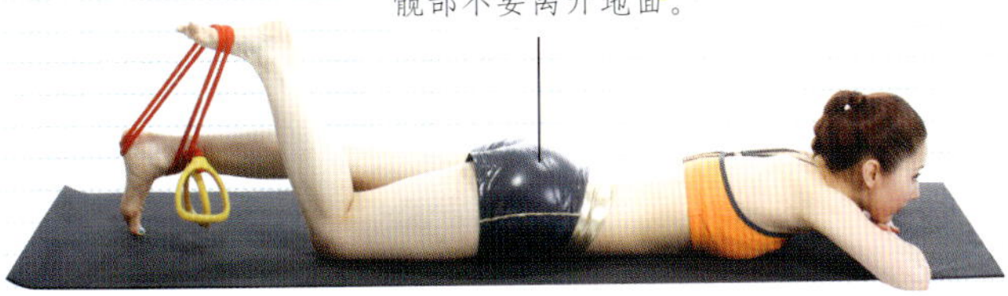

俯卧提臀

俯卧。额头贴于交叠的双手之上。随着一腿慢慢向上伸起，臀部也渐渐抬离地面，不要摆动。换另一侧腿抬起，反复练习。

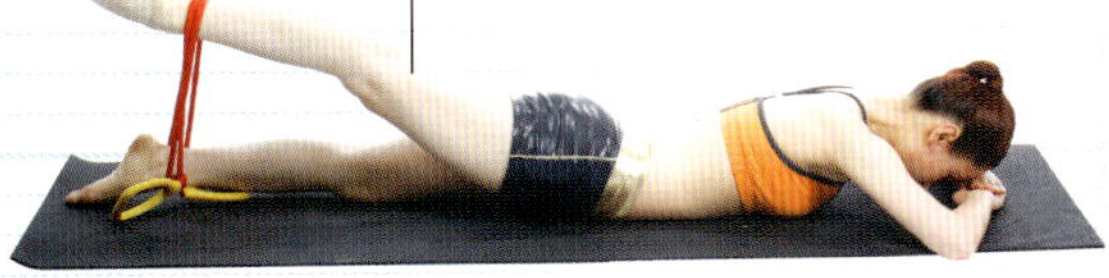

站姿后踢

笔直站立，双手叉腰，双腿伸直，弹性绷带套于双脚脚踝，将一条腿尽量向后拉伸。这个练习同时还可以锻炼平衡能力。

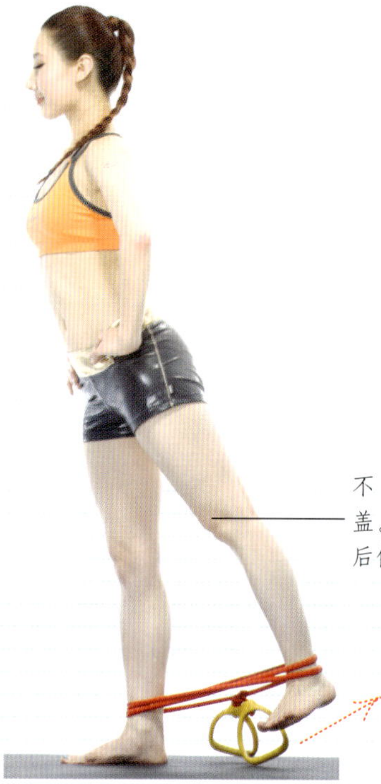

站姿前踢

笔直站立，两手叉腰，弹性绷带套于双脚脚踝，一条腿伸直向前抬起，保持姿势不变，然后缓缓放下腿。练习过程中，脚指尖应稍向外。

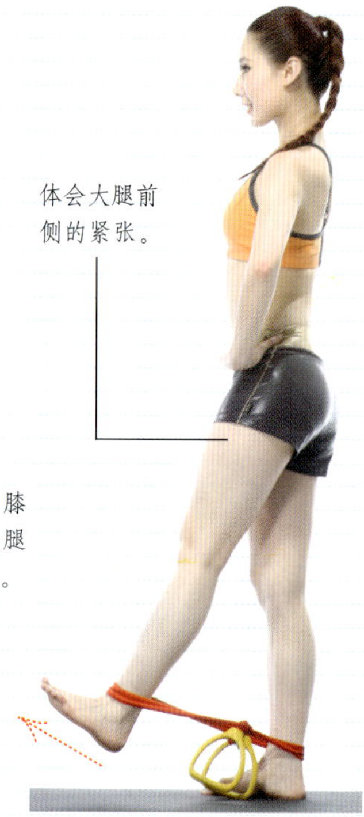

仰卧交叉腿

仰卧，弹性绷带套于脚上。脊背紧贴地面。双手交叉置于脑后，两腿抬高至与头部垂直的角度，然后尽可能地将两腿前后分开，再合上。

屈膝交叉

侧卧，弹性绷带套于脚上。以左臂肘部支撑上身，右腿用力拉紧伸展带至左膝外侧。注意颈部不要向后倾斜。

纤细大腿

纤细大腿“动”出来 ④
椅上运动

大多数的上班族整日坐在办公室里，体内多余的脂肪在臀腿部越积越多，使得双腿变得肥胖难看。如不及时运动腿部，腿部将变得更臃肿粗壮。为不让自己与美腿渐行渐远，每天坚持做做简单的练习，3个月后，你就可以重新拥有修长的美腿。

扶椅举膝

跪在椅前，双手扶住椅子，臀部肌肉收紧，身体挺直，左腿侧抬起，膝盖弯曲，高于脚面。腿部尽量抬高，再还原，换腿练习。

扶椅抬腿

跪在椅前，双手打开肩宽距离，扶住椅子。左腿侧伸，身体向右靠，髋部跟随右倾并用力收紧。腿抬起伸直，摆动，再放下。换腿练习，做10次。

扶椅后伸

坐在椅前，双手扶椅面，身体重量放在右骨盆上。右腿弯曲置于身前，左腿尽量向后伸，髋部前推，保持数秒。还原放松，再换腿练习。

椅上高抬腿

站在椅后，左后脚跟放在椅背之上，双腿保持伸直，上身前倾，双手交叉放在脚踝之上。头部尽量贴向左膝。坚持 30 秒，放松。换另一条腿练习。

夹毛巾操

坐在椅子上，上身保持直立。大腿夹紧折叠好的毛巾，保持数秒钟后放松。然后反复进行 10 次。

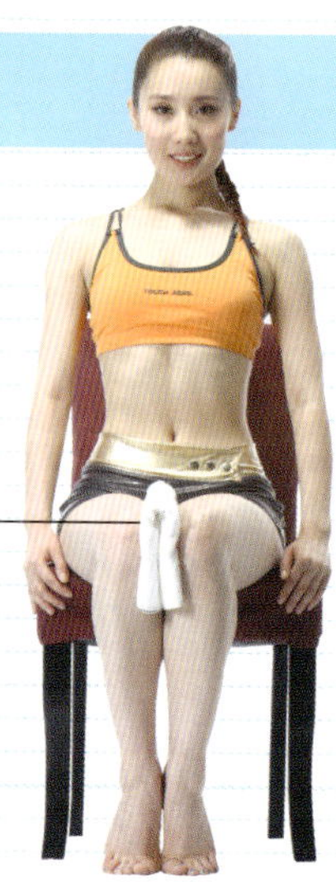

TIPS

此动作能够有效消除大腿内侧脂肪。

借椅踢腿

1.脚跟并拢，脚尖分开，右手放在椅背上，躯干上提，尽量挺直身体；左手轻轻展开，肘部和手腕稍弯曲。

2.左腿向侧面踢出，尽可能使双腿间夹角达到 90° 。

3.左脚向右前踢，最好踢到腰的高度，并尽可能踢高保持一会后；回复到起始动作。换另一侧，重复以上动作。

交叉腿

1.坐在椅子上，一条腿弯曲且脚尖点地，另一条腿向上抬起，至最高点时保持数秒钟。然后两腿交换动作，重复进行。

2.双腿交叠，然后将身体尽量交替向两侧转动。可舒展大腿到臀侧之间的线条。

纤细大腿

按摩摩瘦大腿1 按瘦大腿最有效的穴位

按摩可促进大腿血液循环，消除腿部浮肿现象，减少脂肪囤积，让大腿变瘦，线条更迷人。

瘦大腿穴位——殷门穴

定位方法 臀部下缘横纹正中央点与膝盖后侧横纹中央的委中穴连线正中央位置，左右各有一穴。

按摩方法

以拇指指腹按压殷门穴，至有酸胀感，再按约5秒钟放开，重复10次。按完一条腿之后，再按压另一条腿。

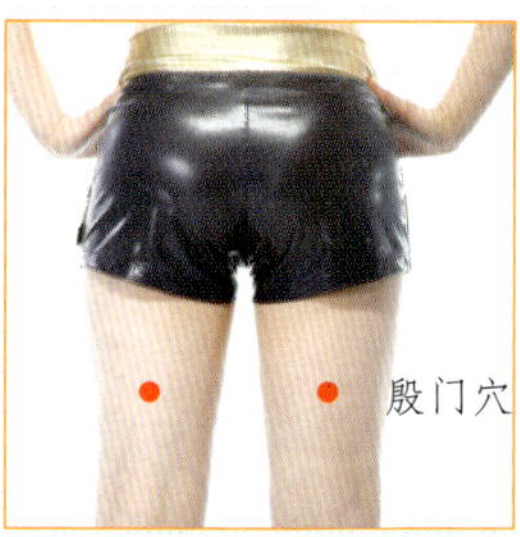

瘦大腿穴位——血海穴

定位方法 双腿伸直站立，位于膝盖内侧肌肉凹陷的位置。

按摩方法

以拇指指腹按压血海穴，至有酸胀感，再按约5秒钟放开，重复10次。按完一条腿之后，再按压另一条腿。

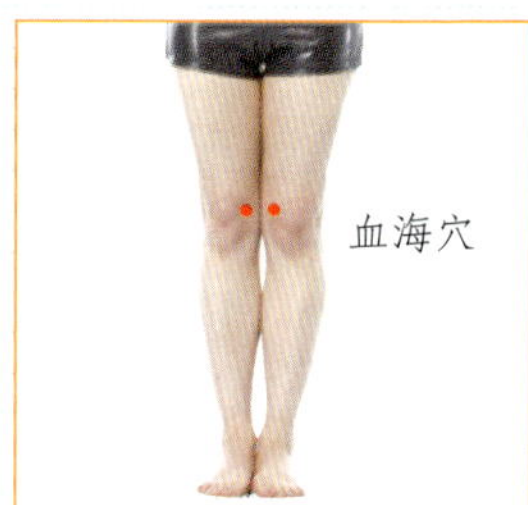

瘦大腿穴位——阴陵泉穴

定位方法 在胫骨头端的内侧凹陷处。

按摩方法

以手指指面或指节向下按压或作圈状按摩。

TIPS

按摩阴陵泉穴可以改善腿部水肿。

纤细大腿

按摩摩瘦大腿②
按内大腿苗条按摩

鼠蹊淋巴结位于大腿的根部，它是臀部或大腿等下半身众多淋巴液流通集中的重要的点。鼠蹊淋巴结与代谢有关，如果鼠蹊淋巴结流通不畅，整条腿废物的代谢功能低下，就会造成大腿脂肪堆积，且不易消除。为了让自己更苗条，有效的方法之一是按摩，可以使内大腿到鼠蹊淋巴结的流通变顺畅。

加重按摩

1.先摩擦手掌，然后双手重叠放在膝上的内大腿，加上体重慢慢由膝盖向鼠蹊淋巴结方向摩擦，使淋巴液流通。

2.加上体重，交互使用双手向上摩擦。

搓揉内大腿

搓揉双手，直至双掌发热。使用整个手掌，大幅轻轻搓揉内大腿的肌肉，使腿部逐渐发热，按摩手法要均匀进行。

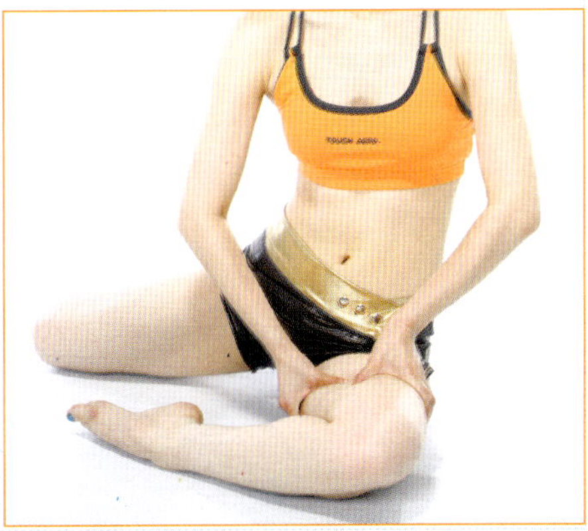

TIPS

对在意的部位特别重点进行。如果在按摩的最后，抹上瘦身品再用保鲜膜包起来效果会更好。

纤细大腿

按摩摩瘦大腿③
按外大腿按摩减肥法

摩擦按摩

1.摩擦手掌后，交互使用双手，从膝上的外大腿慢慢向上摩擦到鼠蹊淋巴结，使淋巴液流通。

2. 双手包住外大腿的肌肉，大幅搓揉。

TIPS 如果感觉外大腿太硬而捏不住，先用手掌搓揉到变软再进行。

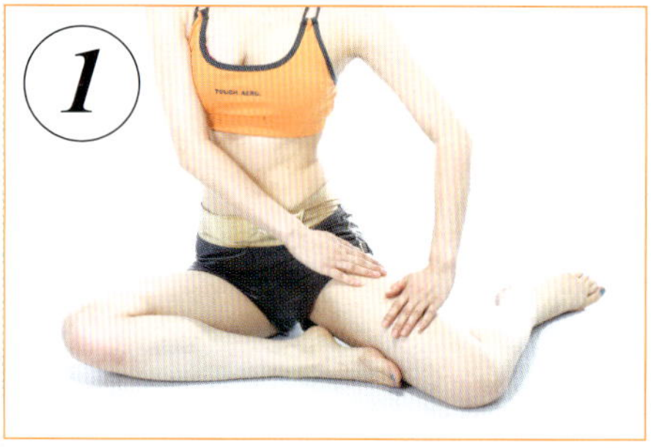

拍打按摩

取身体舒适的坐姿。双掌微微弯曲，以手掌含空气的状态从下到上均匀拍打大腿。

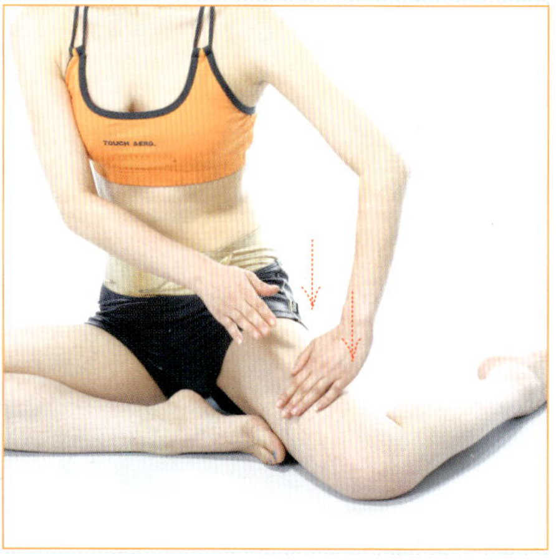

TIPS 拍打时注意用力要均匀。

强健膝盖

强壮有力膝关节锻炼操

研究发现，那些股四头肌（大腿前侧的肌肉）强壮的关节炎患者，其关节软骨的受损概率下降了60%。因此，加强大腿的肌肉和力量是保持膝关节健康的关键。下面介绍3个简单而有效的膝关节保护动作，它们使膝关节承受的压力非常小，每周练习3～5次，对大腿肌肉的加强是非常有效的。

压压腿

坐在地板上，背部挺直，双臂向下伸直，双掌贴地，分别置于体侧，指尖向前，左腿伸直，脚跟放在地面，右腿弯曲，右脚平放在地面。然后收紧左腿的股四头肌，把大腿后侧的肌肉群向地面挤压。保持股四头肌的紧张状态，心中默数10下，然后放松。换右腿做。

勾勾脚

坐姿同上。左腿抬离地面十几厘米的高度，勾左脚，心中默数6下，然后放下。换右腿做。

抬抬腿

坐在椅子上，双脚平放在地面上，左腿抬离地面，直到与地面大致平行，保持，心中默数6下，然后放回地面。换右腿做。

强健膝盖

活力膝盖"动"出来 膝盖漂亮操

合掌屈膝

练习次数：做 30 次

1.双脚分开自然站立，双手平举于前方，双掌合拢。

2.下蹲，上身保持正直，然后迅速站起。

膝平衡运动

练习次数：正反方向各做 5 组

收紧臀部坐在椅子上。两手轻轻地按压膝上。脚跟抬起10厘米。脚尖轻轻竖起。在这种状态下，用脚跟慢慢的画横向的"∞"字形，不要画纵向的"8"字形。进行 5 次后再按反方向进行 5 次。

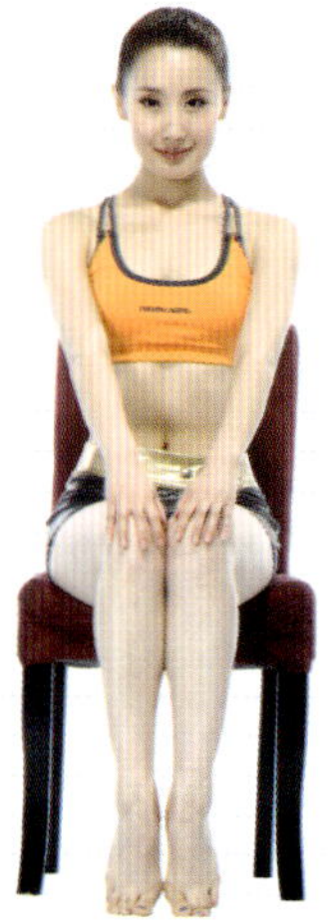

甩腿运动

练习次数：每 20 次为一组，每次 2～3 组

1.仰卧，两臂放松置于身体两侧，两腿弯曲上举。

2.两小腿交替上下甩动，如同要将鞋子从脚上甩掉一样，使膝关节不承受身体的压力。甩动 20 次后，将脚置于地板上，稍事休息，然后再甩动 20 次。

除上下甩动外，模仿蹬自行车运动也可以的。

扳腿运动 练习次数：**每5次为一组，每次2～3组**

站姿，左手支撑于椅背上，收腹、挺胸。右手抓住右脚，将脚跟压向臀部，保持3秒钟。然后松手，让脚落于地板。至少重复5次，按压时间逐渐加长，然后换另一条腿继续练习。

一时按压不到，不要勉强，坚持练习，相信不长一段时间，你就能做到了。

屈膝运动 练习次数：**每5次为一组，每次2～3组**

站立于椅子前，双手扶住椅背，左脚置于椅子上。上身前压，左腿深度屈膝，呼气。然后直起上半身，膝关节放松，吸气。重复5次，然后换腿继续练习。

脚跟踮起，能够给腿部更大的锻炼。另外，在练习时，注意力集中在双腿上。

侧身扭转 练习次数：**每侧5～10次**

两腿伸直，吸气，尽量分开成站立姿势，两臂自然下垂于体侧，收腹，挺胸。呼气，将身体重心移至右腿，右手支撑于右腿上，右膝弯曲，左臂向上摆到头部上方。然后回到起始状态，吸气。换另一腿交替练习。

强健膝盖

按摩摩减赘肉 膝盖按摩法

热手摩膝

坐在椅子上，脚尖点地，先将双手搓热，然后盖在两膝上，先从外向内、再从内向外进行摩擦，持续5分钟。

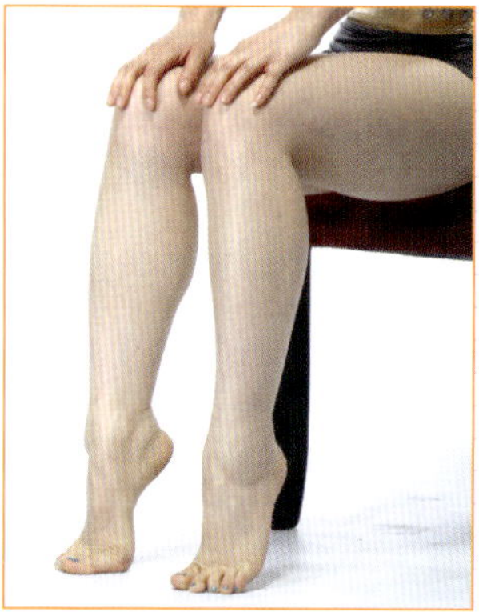

捶打膝盖

坐在椅子上，双手握拳，用拳头对膝盖周围进行有节奏的敲打，持续3～5分钟。

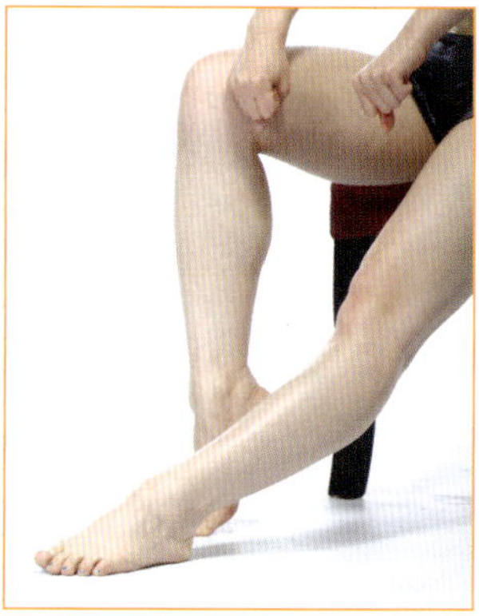

四指按压膝盖后方

双手除拇指外，其余四指放于膝盖后侧，用力向上按压。

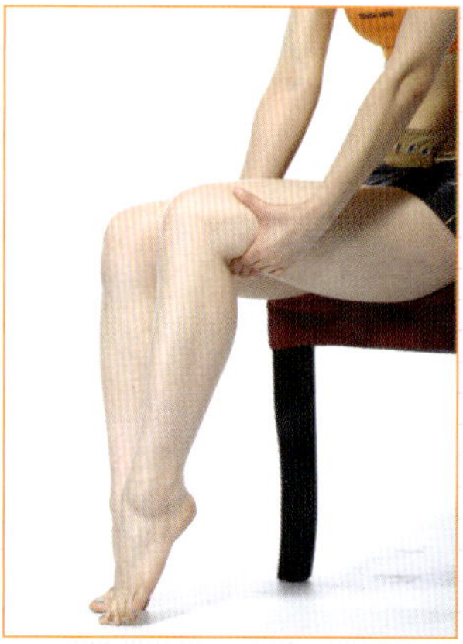

拇指按压膝盖

双手紧握膝关节，用两个拇指同时对膝盖上方按压。

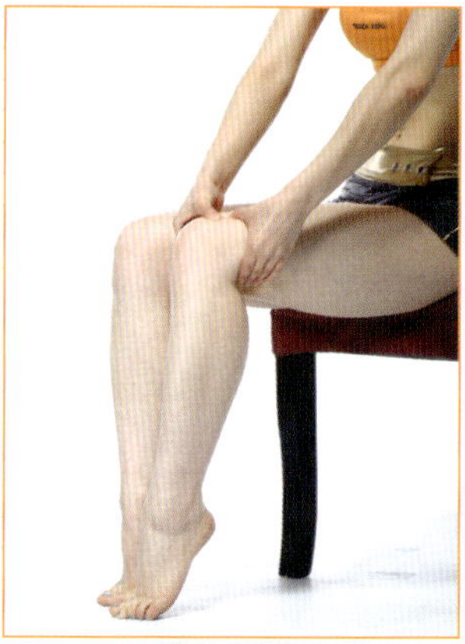

修长小腿

为什么我有萝卜腿

有萝卜腿的人不一定都很胖，有些人全身都很苗条，就是两条小腿的“萝卜”特别醒目，真是尴尬啊。其实，想让小腿变得修长，除了再长高一点外，实在是困难重重。但是针对小腿的具体情况，有针对性的做做按摩和运动，可以舒缓肌肉，改善水分代谢情况，也能让累了一天的双腿很快远离疼痛、浮肿。

◎遗传

小腿状态与先天遗传的肌肉组织及骨架有关。

如何应对

别伤心，想要纤细小腿，如能运动加上按摩，让身体的水分代谢变好，萝卜腿以及浮肿的情况也能获得改善。

◎姿势不良

骨骼歪斜会让小腿曲线难看，其主因在于姿势不良而导致关节或骨盘不正。

如何应对

站立时要抬头挺胸，走路时让脚尖先着地，坐着时不要将双腿交叠，且双足要平放地上。少穿高跟鞋，不妨多穿着弹性袜，在睡前翘脚、垫高。

◎运动过量或不足

过量跑步、爬坡等运动容易造成小腿肌肉过度发达，而久坐、久站等缺乏运动则容易造成血液循环不良，产生水肿或肥胖。

如何应对

过度运动将形成萝卜腿时，所以运动后，就要赶紧适当用按摩舒缓小腿肌肉；而运动不足、肥胖造成的萝卜腿，配合饮食控制及按摩、运动，很快就能看到成果。

◎饮食习惯

喜欢吃油炸、重口味、淀粉类等食物最容易造成腿部肥胖。

如何应对

平时宜多摄取有益纤细腿部的食物，如：芹菜、洋葱、芦笋、韭菜、卷心菜、萝卜、海藻类、酸奶、鲜奶、蛋、豆腐、香蕉、西瓜、菠萝、葡萄、草莓、苹果等。

修长小腿

小腿曲线"动"出来① 速效而时尚的普拉提

伏地勾脚① 练习次数：3~6次

1.身体俯卧于垫上，脚尖撑地。手臂伸直支撑身体，手掌在肩膀正下方，指尖朝前，收小腹，吸气。

2.呼气，单腿抬起与地面平行，脚尖勾起，之后回到起始姿势，换另一腿练习。

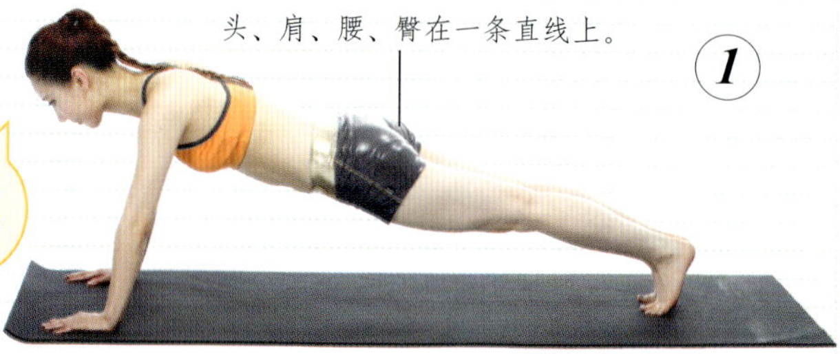

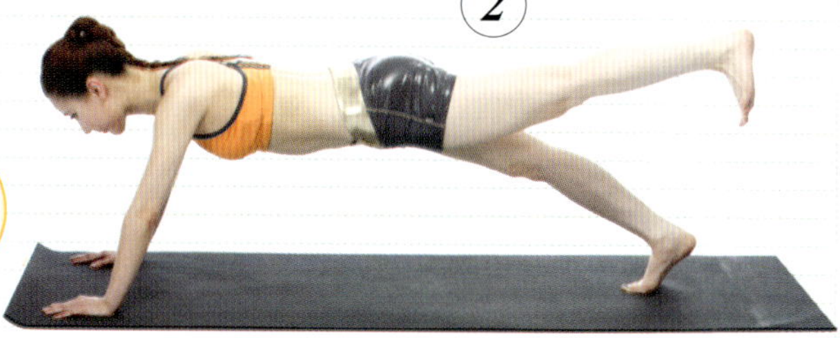

伏地勾脚② 练习次数：3~6次

1.身体以跪姿跪于垫上，脚尖撑地，大腿与小腿呈约90°。手掌贴地指尖朝前，收小腹，吸气。

2.单腿屈膝往上抬起，脚尖前勾，呼气。之后回到起始姿势，再换边练习。

小腿曲线"动"出来② 简单易学的纤腿操

修长小腿

坐姿勾脚

1.上身挺直坐在椅子上，双腿伸直并拢。同时，将脚用力向下压。

2.接着，脚跟着地，脚尖用力向上勾。

TIPS

如果椅子高度不合适，可在脚下垫上书。

踮脚体操

1.轻松站立，双手扶腰，收小腹。

2.抬起脚跟，以脚尖站立，停留2秒钟，放下脚跟，重复上下踮脚跟的动作15～20次。

TIPS

上下踮脚的节奏不要太快，以轻松方式进行。此体操没有太大空间限制，上班或看电视时，都可以动一动。

提脚跟运动

1.双手持哑铃靠墙站立。屈膝，身体下降至大腿与地面平行，与小腿呈90°角。不要让膝超过小腿的垂直线。腹肌收紧，背挺直，慢慢抬起脚跟再还原。

2.也可以在背与墙之间加上健身球练习。

椅上单腿提起

坐在椅子上，将一条腿放于另一条腿的大腿之上并伸直，使小腿肌肉处于绷紧状态。坚持数秒钟后放松，换腿反复练习。

椅上双腿提起

坐在椅子上，双腿伸直并拢抬起，越高越好，保持数秒钟后放下。反复练习数次。

TIPS

这个动作可以有效锻炼小腿至脚踝部位的肌肉，防止水肿。

坐式美腿操

1.坐在椅子上，先后用脚尖和脚后跟着地。反复数次。

2.踮起脚尖，以脚尖为支点开始旋转双脚，左脚按顺时针方向旋转的时候，右脚则以逆时针方向旋转。然后双脚换方向继续进行。

TIPS
此动作可提高脚踝灵活度，使脚踝变得纤细。

1

2

金鸡独立

1.站立，双手扶墙。

2.左脚抬起，轻贴右膝盖内侧上，保持身体直立。如果在此过程中把右脚脚跟抬起，效果更好。

1

2

小腿弹性运动

1.俯卧，双手着地，脚尖点地，支撑全身，将右膝盖拉到胸前，右脚紧贴地面，左腿向后伸直，并维持此动作 8 秒钟。

2.换腿做同样的动作。左右各反复 3 次。

TIPS
在侧面看，胸下的那个脚后跟不可以在膝盖前面。

修长小腿

消除小腿肚的浮肿淋巴按摩

按摩淋巴

把双手整个手掌放在阿基里腱的附近，向上摩擦到腘淋巴结，使淋巴液流通。

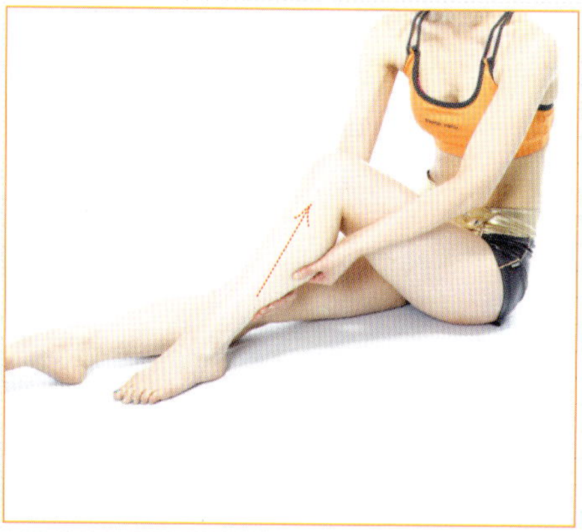

搓揉腿肚

双手包住小腿肚内侧的肌肉，均匀搓揉整个小腿肚的内侧。

敲打拍打

双手轻轻弯曲，以手掌含空气的状态，从下往上均匀拍打小腿。

TIPS

淋巴结

小腿肚变粗的原因多半是浮肿，其次是长赘肉。因此，先进行消除浮肿的按摩。位于膝盖后侧的淋巴结是膝下的淋巴液流通聚集的部位。对小腿肚或脚踝的浮肿有很大影响。

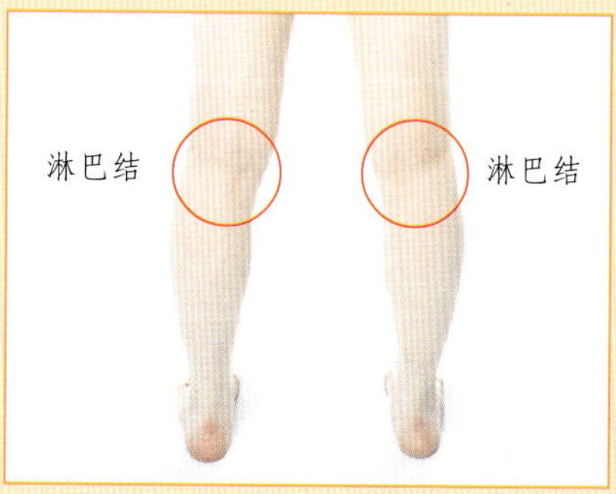

修长小腿

瘦身的时尚运动 溜冰

作为一种有氧运动，一周3次，一次30分钟左右的溜冰运动，可以使身材在不知不觉中变得苗条。由于下半身运动量较大。因此减掉大腿、小腿的多余脂肪，可以使腿部曲线优美。溜冰能增强均衡感，使身体变得敏捷，进而增强运动能力。溜冰技巧掌握好了，不会感觉太累而且很有趣。用全身感受速度，在广阔的野外溜冰的时候，一点也不会感到厌倦。对膝盖的冲击也不会太大，所以适合较肥胖的人。但是，无论是初学者还是熟练者，都务必要戴上安全帽、护膝、护腕，这样才能避免运动伤害。初学者最好不要自己学，可以考虑找个教练，学习正确的溜冰姿势。

◎逐渐增加运动量

定好当天的运动量，每过2～3天就增加运动量。第一天溜50圈，之后溜70圈，然后是100圈……体力有所提高的时候，中间可以不休息，一口气溜很多圈。

◎需要牢记的注意事项

- 初学者为了防止摔倒后擦伤手、头部和膝部，最好戴上护膝、手套和头盔。当意识到要跌倒时，尽量使身体向前倒，而不是向后，避免摔伤后脑。
- 初学滑冰的人，可别小看穿冰鞋，如果穿得不合适，会直接影响溜冰技术的提高。穿冰鞋时，要把所有扣眼的鞋带都松开，脚穿进鞋内以后，要站起来踩实。前两三个扣眼的鞋带可系得稍微松一点儿，后面的鞋带要系紧，脚踝在鞋里不晃动，才便于向两侧倾斜使劲蹬冰。
- 袜子不要穿得太厚，否则会影响脚的敏感度。
- 溜冰者上冰前应做热身运动，使身体充分伸展。
- 溜冰时，溜冰者身上应避免有尖锐物品，以免摔倒后划伤。

PART 2

按 按摩摩瘦小腿 消除萝卜腿的穴位

修长小腿

美腿穴位①：委中穴

定位方法 位于膝盖后侧横纹正中央的位置，左右各有一穴。

按摩方法

手掌圈住膝盖，以中指腹按压委中穴；或是坐在椅子上，膝盖弯曲，以拇指按压该穴，至酸胀感，再按约5秒钟放开，重复10次。按完一条腿之后，再按压另一条腿。

美腿穴位②：承筋穴

定位方法 位于委中穴及承山穴位置的正中央；或是从委中穴向下约四寸（两个三横指宽）的位置，左右各有一穴。

按摩方法

膝盖弯曲，以拇指按压承筋穴，至酸胀感，再按约5秒钟放开，重复10次。按完一条腿之后，再按压另一条腿。

美腿穴位③：承山穴

定位方法 位于小腿肚下方，将脚跟踮高，位于小腿肌肉下端的凹陷处（此位置肌肉较硬），左右各有一穴。

按摩方法

膝盖弯曲，以拇指按压承山穴，至酸胀感，再按约5秒钟放开，重复10次。按完一条腿之后，再按压另一条腿。小腿易抽筋者，可以多按此穴位。

纠正扁平足最有效的运动法

人体足部的小骨搭积成拱形而成为足弓。当人体站立、行走和负重时，足部不是全部负重的，以跖骨和足跟主要负重，足弓常悬空以缓冲震荡，保护大脑和内脏，并使人具有很好的弹跳性。如果形成足弓的结构发育不良或是由于各种损伤致足弓消失，即形成扁平足。对大多数扁平足病人，不需药物治疗，主要进行足内、外的肌功能锻炼即可矫正扁平足。

脚尖行走练习

练习次数： *15～30*步为一组，重复练习*2～3*组

锻炼部位 前脚掌的肌肉、足弓、小腿部的韧带和肌肉。

练习方法

1.站立，挺胸、抬头。
2.上体保持直立，用脚尖向前行走。

TIPS 注意保持挺胸、抬头的姿势，不要低头。

脚跟行走练习

练习次数： *15～30*步为一组，重复练习*2～3*组

锻炼部位 脚踝、正脚背、足弓、脚跟、小腿正面的肌肉、前脚掌的韧带和肌肉。

练习方法

挺胸、抬头。上体保持直立，脚尖上勾，脚掌尽量不要着地，用脚跟行走。

脚外侧行走练习

练习次数：每周3～4次

锻炼部位 小腿外侧肌肉、双脚掌外侧、脚背外侧肌肉和韧带。

练习方法

1. 挺胸直立，双腿挺直，脚踝关节内勾，脚底外侧着地，将脚底内侧上提再放下10～20次。
2. 用两脚外侧着地向前行走，直至脚部感觉酸胀为止。

TIPS

每次练习前一定要做准备运动，活跃开脚及脚踝，练习时保持平衡，以免受伤。

脚趾协调练习

练习次数：每20次为一组，每次练习2～3组

锻炼部位 脚趾、前脚掌、小腿肌肉、正脚背肌肉和韧带。

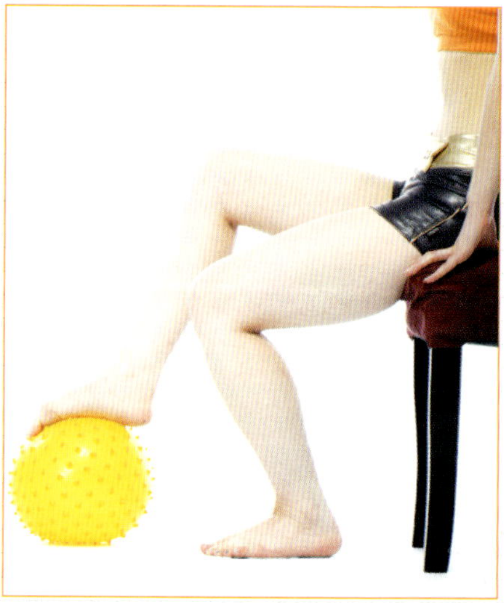

练习方法

坐在椅子上，上身直立。单脚脚趾夹起地上的球，做15～25次后换另一侧脚进行练习。

TIPS

在第一次做脚趾协调练习时，可先用脚趾夹报纸。当脚趾、脚掌和足弓的灵敏感知能力进一步提高时，可用脚趾夹丝巾等柔软物品。足趾夹小球是后期的提高练习。

脚背弓起练习

练习次数：**交替练习 *15* 次**

锻炼部位 全脚掌肌肉，用于伸展足背的肌肉和韧带。

练习方法

1.坐在椅子上，上身保持静止，足背尽力向上弓起。

2.数秒钟后放松。然后换另一只脚练习。如此交替练习 15 次。

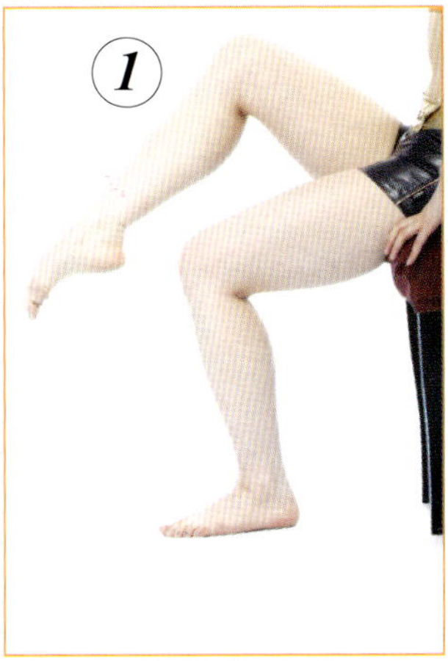

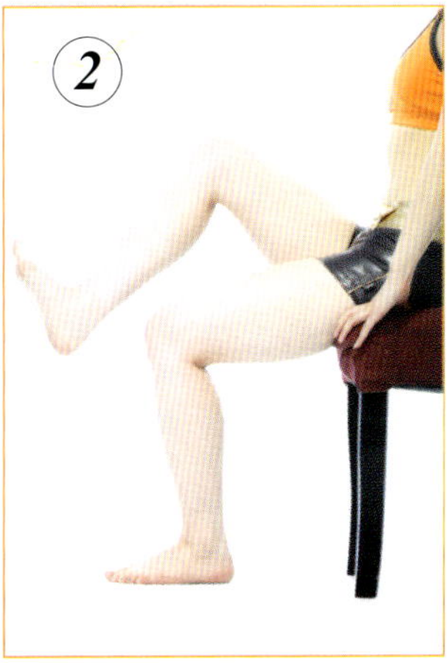

TIPS

这套动作对练习场地不限。临睡前在床上也可练习。

脚掌协调练习

练习次数：**重复练习 *15～25* 次**

锻炼部位 全脚掌、踝关节、小腿肌肉、正脚背肌肉与韧带。

练习方法

1.坐在椅上，挺胸、抬头。

2.用双脚脚掌合抱一个小球，让小球在左、右脚掌上滚动。

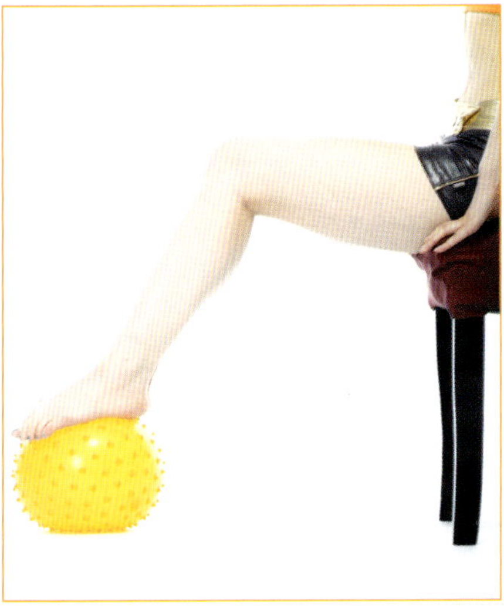

TIPS

用脚掌滚动小球时，注意保持上身挺胸、抬头。

双脚滚球练习

练习次数：每周 15～35 次

锻炼部位 脚踝、脚掌、足弓和小腿内、外侧。

练习方法

1. 坐在椅子上，挺胸，抬头。脚下放一个球。用双脚推动小球向前滚动。
2. 上体保持不动，双脚推动小球向左侧滚动。
3. 上体保持不动，双脚使小球向身体方向滚动。
4. 上体保持不动，双脚推动小球向右侧滚动。

TIPS

为练习脚掌的控制能力，用脚掌滚球时要尽力让球滚动360°。

足踝点睛之美

紧实脚踝淋巴按摩法

从后方来看，脚踝（阿基里腱）看起来不明显的状况，多半是因浮肿所致。从脚踝到膝盖后侧的淋巴结按摩来消除浮肿，就能达到修长双腿的目的。长年持续浮肿的人，只要养成每天进行这种按摩的习惯，拥有一双修长的美腿也不再是梦。

按压涌泉穴、失眠穴

双手的拇指交叠，依序按摩涌泉穴、失眠穴。脚踝浮肿严重的人，也可以再继续按摩到阿基里腱。涌泉穴在前脚掌1/3处，失眠穴在足底跟部。

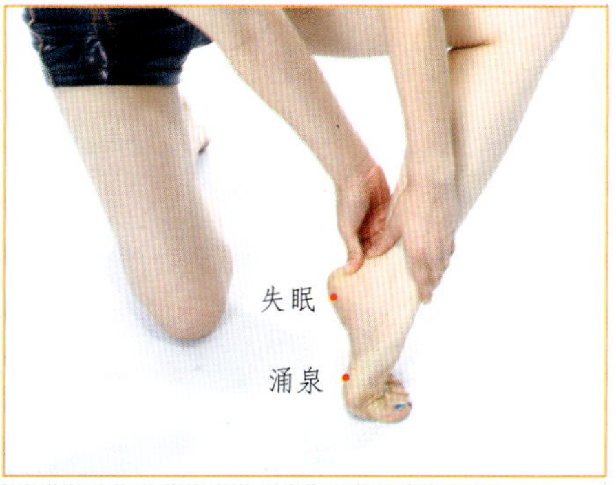

搓揉把握

摩擦手掌至发热，接着，用双手手掌搓揉脚踝的肌肉。最后如图所示，用手掌从脚踝向上摩擦。

向上摩擦

双手包住阿基里腱，向上摩擦到膝盖后侧的淋巴结，使淋巴液流通。

更多美腿锦囊

我要完美纠正 O 形腿

最近迷上了高跟鞋，感觉穿起来显得个子高挑、双腿修长，但是唯一的缺点就是“O”得太厉害了，好难看啊。没关系，平常可做一些帮助双腿并拢的动作，再注意一些坐立细节，就可逐渐改善你的 O 形腿了。

腿交叉弯身

1. 双腿交叉，膝盖并拢。
2. 身体往下压，轻轻吐气，身体比较柔软的人，可以把腰再弯低一点，用手掌轻贴地面。

1

TIPS

一般刚刚开始做这个动作的人，会感觉膝盖后方的肌肉有些酸痛，习惯后就不会觉得那么痛了。

丽人美腿志

如何打扮呢

如果穿裙子……

注意裙子的长度和花色不要凸显 O 形腿。如果短到露出膝盖，两膝之间的空隙就会被人看得一清二楚。此外，横条纹的衣服会让腿的轮廓看起来更粗，合身的窄裙也会让 O 形腿看起来更加明显，要特别注意。

如果穿鞋子……

最糟糕的是没有鞋跟而且在脚踝处有鞋带的鞋子，乍看之下，脚被分为两个部分，小腿中间的空隙会变得非常明显，如果有 3～5 厘米的鞋跟，而鞋尖较短的话，就会使腿变得修长，而且也不会凸显 O 形腿哦。

更多美腿锦囊

我要完美 与X形腿说再见

X形腿是指在膝关节并拢并伸直的情况下，两脚踝内侧不能靠拢，且距离在2厘米以上。两侧内踝间的距离反映了膝外翻的严重程度。X形腿除最常见的先天性成因外，其他形成原因有佝偻病、小儿麻痹、骨髓炎等，可累及一侧腿部或两下肢。另外，创伤、缺钙、站立行走过早、幼时站立行走动作错误也可导致双腿负荷过重，造成X形腿。

运动疗法可以治疗X形腿，主要是通过锻炼大、小腿外侧肌肉，加强腿外侧肌肉的收缩能力，减轻大、小腿外侧肌肉的过度伸展及内侧过度收缩。X形腿患者在日常生活中，除要有意识地训练自己采用正确的站、立、行姿势外，还要进行针对性的锻炼，才能更快地达到纠正目的。以下介绍一些徒手练习矫正方法。

站姿弯膝 练习次数：20次为一组，每次1~2组

锻炼部位 伸展大、小腿及关节内侧肌肉韧带，主要提高腿部外侧肌力，特别是小腿的外侧肌力。

练习方法

站姿。左腿屈膝，小腿外侧收紧向大腿内侧上提，绷脚尖，要求脚踝高于右腿的膝关节。

丽人美腿志

常见的走路姿势

双脚内扣走姿

双脚外斜走姿

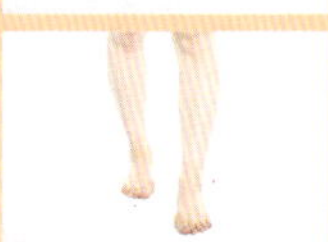

正常走姿

对脚掌压膝坐

练习次数： *10～60* 秒钟为 *1* 组，每次做 *5* 组

锻炼部位 大腿外侧肌群、小腿外侧肌群、髋关节和膝关节内侧肌肉和韧带。

练习方法

1.上身直立坐于垫上，两脚脚掌相对。

2.上身稍前倾，两手压膝关节内侧，并尽可能地让膝关节外侧触到地面，保持不动。

TIPS 练习时，脚跟尽量靠近大腿根部。

学学盘腿坐

练习次数： 每次保持 *3* 分钟，做 *3* 次

锻炼部位 伸展大、小腿及膝关节内侧的肌肉和韧带。

练习方法

1.两腿交叉坐于垫上，上身直立，两膝外展，两脚内收。

2.脚跟尽可能贴近大腿根部，踝关节外侧贴垫上，两手扶膝。

对脚掌抱脚坐

练习次数： *15～25* 次为一组，每次 *2～3* 组

锻炼部位 大腿外侧肌群、小腿外侧肌群、大腿及小腿内侧的肌肉和韧带、髋关节及膝关节内侧肌肉和韧带。

练习方法

1.上身直立坐姿，两脚掌相对，脚尖向前，两脚掌尽可能不要分开，双手抱住双脚。

2.两膝上、下摆动，膝关节尽可能地靠近地面。

TIPS 练习时，脚跟尽量靠近大腿根部。

单腿坐

练习次数：10～20次为1组，重复若干组

锻炼部位 大腿外侧肌群、小腿外侧及膝关节内侧等肌群，伸展大、小腿及髋、膝关节内侧的肌肉和韧带。

练习方法

1.上身直立，两腿伸直坐于垫上。

2. 右腿屈膝，将右脚踝外侧放在左大腿上，右手抱右膝部，左手抓右脚。右手轻压膝关节，右腿上下轻柔地摆动让膝关节外侧尽量下摆贴近地面。

3.换右腿做相同的动作。重复练习若干组。

上下摆动时，尽量让膝盖碰到地面。

阻力练习

练习次数：1次持续10秒，10次为1组，重复若干组

锻炼部位 小腿外侧肌群、脚踝内侧等肌群。

练习方法

1.坐姿，上身直立，屈两腿，膝内侧靠紧。选厚度刚好可以夹住的一本书放于两踝关节内侧用力夹紧。

2.两手抓握书上端缓慢用力上提，两踝关节夹紧形成对抗用力。

3.对抗用力是关键，反复练习。

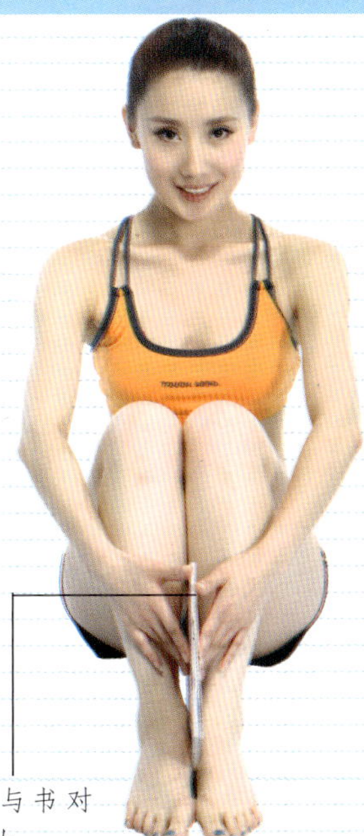

小腿与书对抗用力。

TIPS

上提时，两手不能用力太大、太快。

更多美腿锦囊

放松一下 逛街后舒展双腿

大多数女孩都是积极的逛街一族，疯狂购物，实在开心。可是逛完街后，两腿酸痛肿胀，这种感觉可不好受。长此下去，很有可能会长成萝卜腿。不过，只要在逛街后做下面这套健腿操，可以轻松解决上面的问题了。

拉脚趾

坐在地板上，左腿伸直，右腿弯曲，右脚掌靠在左腿内侧。用右手抓住右脚脚踝，轻轻抬起，左手抓住右脚脚趾。用手指将脚趾轻轻朝身体方向拉，持续10秒。

下蹲运动

两脚分开同肩宽，两膝弯曲下蹲，上身保持正直，体重均匀落在脚掌上。头正、颈直，闭口，下巴微向后收，两眼凝视前方，保持10秒，站直，放松。

屈腿下压

坐在地板上，脚掌相对并拢，双肘尽量放在大腿内侧，双手握双脚。慢慢将身体向前向下压，至极限时，保持30秒钟，再放松还原。

抻拉腿部

自然站立，右小腿向后抬起用右手从后方抓住右脚脚踝，如果无法保持平衡，可倚着墙壁做。轻轻用手将脚跟向臀部拉伸，直到碰触到臀部为止，保持10秒。在换腿练习。

旋转腿部

左手扶物支撑，右腿向前伸直稍抬起，然后向内或向外转动足尖，使下肢内旋或外旋，腰椎不动，一侧重复多次后再做另一侧。也可以屈膝抬腿，然后以最大幅度向内向外摆动小腿，使髋关节外旋和内旋，一侧重复多次后再做另一侧。

丽人美腿志

浸泡双腿也可减轻腿部压力

逛街后，浸泡一下双腿也是一个不错的放松方法。泡腿可利用水的热度、压力、浮力以及水的流动或摩擦产生的物理作用，来改善腿部血液循环，畅通气血，激发汗腺功能，给疲累的双腿一个放松的机会。而且，浸泡双腿还可帮助排出堵塞在皮肤毛细孔中的废物，让皮肤彻底清洁，变得更有光泽。

PART
3

居家美丽方案

□ 去除橘皮组织

□ 解除腿毛的烦恼

□ 简单的美腿妙方

……

去除橘皮组织

腿部橘皮组织形成的原因很多：遗传、烟酒、熬夜、久坐不运动或女性荷尔蒙激增等，都有可能形成橘皮组织。讨厌的橘皮组织出现时，真的会让人有不知所措的感觉。本书归纳出了以下几个解救的方法，相信对于还在盲目买各种昂贵腿部保养产品的你，会有很大帮助。

毛刷按摩法

用柔软的毛刷或是天然丝瓜布，刷掉干燥的死皮。步骤是从脚底开始向上刷，经过小腿到大腿，最后到达臀部两侧。这样的动作不仅刷掉了皮肤表层死掉的角质，还刺激了淋巴系统。

然后进行轻松去角质的沐浴。去角质的沐浴乳很容易自己调制，倒一些沐浴乳在手掌心，然后加一汤匙浴盐加以混合，均匀摩擦在皮肤上。可以感觉到浴盐随着柔滑的泡沫，刷去皮肤上的角质层。固定一周一次，轻轻扫刷自己的皮肤，不仅预防了橘皮组织产生，对于淡化已有的橘皮纹，也有很大的帮助。

使用乳液或精油

可以选用市面上功效是标明紧肤或燃烧脂肪或者对抗橘皮组织的产品。在沐浴后花5分钟，以局部画圈的方式，按摩腹部和腿部等易产生橘皮组织的地方。还有一个按摩方法，就是用手心向上拍打腿部和腹部皮肤，向上拍打有助于加速乳液渗透进肌肤中，产生滋润和紧实的功效。

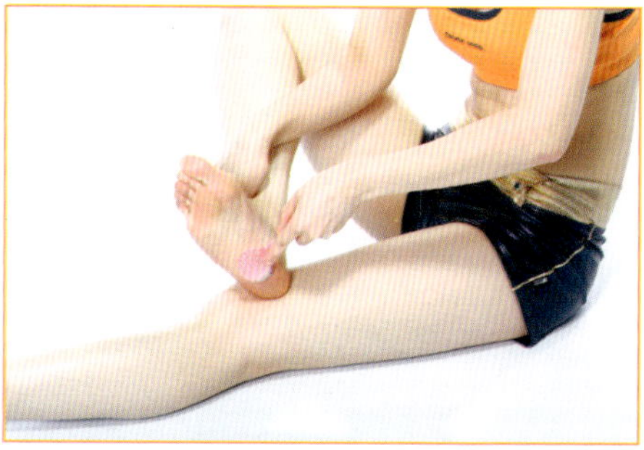

用毛刷从脚底向上刷。

用毛刷刷小腿。

用毛刷刷大腿。

在产生橘皮组织的部位涂抹去纹乳液。

解除腿毛的烦恼

受到体内激素和遗传的影响，有些人的腿毛又粗又长，对于男性而言，并无大碍，甚至可以算作一种阳刚之美； 但是如果长在年轻漂亮的女孩身上，可就大煞风景了。所以去除腿毛是很多女士所关心的问题，常见的除毛方法如下：

刀片剃除法

用刀片直接将毛发剃除掉，这是去除毛发最简便，也是最短效的方法。为了让自己的双腿摸上去光滑如丝，许多女人不得不每天挥舞着剃须刀，同生生不息的腿毛做着没有止息的对抗。

副作用 <<

刺激毛囊，会造成毛孔粗大，而且腿毛会逐渐变黑变硬。这时，剃须乳就显得颇为重要了。另外，热水能够软化毛发，这样去除汗毛的效果较好。当然，剃毛后别忘了抹润肤乳哦。

特别提醒 <<

如使用刀片剃除法，就要养成天天刮的习惯，否则长出一层黑色的小毛茬很不雅观。

蜡脱法

蜡脱法一种直接将毛拔掉的方法，曾在美容院流行一时，但并不能达到永久性脱毛的目的。它维持双腿光滑的时间比剃除法更长一些，具体时间长短则因个人的毛发与皮肤类型而异。

副作用 <<

疼痛感较为强烈，所以，为缓解疼痛，可在脱毛前半小时服用阿斯匹林1片，并避免在经期前三四天进行；费用高，还要忍受两次蜡脱之间毛发短茬的粗糙扎手，所以进行蜡脱时的腿毛长度也要把握好。为了避免皮肤产生斑点及高低不平，应当在蜡脱后3天内进行包扎。

永久性脱毛

永久性脱毛是一个相对而非绝对的概念，其效果由治疗的次数、间隔时间和身体的个体差异等很多因素决定，主要有激光脱毛和电针脱毛等方法。它的优点是脱毛持续时间长，即使是毛发特别重的人，效果也能长达几个月。

副作用 <<

虽然这不是一个廉价的选择，但是它的确能够节省时间和体力。为避免感染、过敏和色素过度沉着，术前3天及术后应避免接触盐水及在阳光下裸露。

简单的美腿妙方

经常吃多盐的食物，轻易令体内积存过多水分，形成水肿，轻易积聚在小腿上。但让腿“吃”盐却可以让腿变得更修长，而且浴盐美腿也是一种情趣，想美腿的MM快行动起来吧。

浴盐按摩法

每次洗澡时可用少许浴盐在脚踝和大腿、小腿部位反复按摩，手掌从小腿向上按至大腿部位，避免力度过大，以不引起疼痛为宜。每次按摩10分钟左右，然后用热水浸泡几分钟后洗净。此法可加速腿部的血液循环，去除老化的角质层，让你的双腿苗条修长，皮肤平滑有光泽。

冷热交替浴

这种方法具有瘦腿、紧致腿部皮肤的效果。在木桶里或浴缸里进行泡浴或泡腿时，先在38℃～48℃的热水中浸泡5～10分钟。让体温逐渐上升至有出汗的感觉。然后在冷水中淋浴或浸泡双腿几分钟。休息一会儿，待体温恢复正常后，再重复2～3次。每周做两三次，收效会很明显。但注意避免在饭后1小时内或过于饥饿时进行。身体不太健康的人也要慎做。

精油按摩法

植物精油是非常细小的活性分子，用来减肥塑身效果比较不错。如果肌肤表面出现不平均颗粒的橘皮组织就属于脂肪型肥胖，按摩时宜以燃脂型精油为主。如果皮肤看起来白白嫩嫩，但是肌肉捏起来却是松松软软，多半是属于水肿型肥胖，这是因为新陈代谢不良，形成体液不易排出体外，选择促进排水的精油比较适合。不建议每次使用超过三种以上的精油调配按摩油。脂肪型肥胖可以按3：2：1的比例加入小茴香、杜松、葡萄柚精油；水肿型肥胖则以柠檬来调配。基底油可以使用甜杏油。每天用精油按摩1～2次就可以了。如果在使用精油后，皮肤出现红点，说明对该精油过敏，应停止使用。

丽人美腿志

浴盐瘦腿秘诀

1. 洗浴干净后，取一份浴盐加上少许的热水拌成糊状。
2. 把糊状浴盐涂在腿上想要瘦的部位，并适当做些按摩。这时，要注意按摩的力度，由于浴盐中有小的盐粒，如果按摩过度可能伤害皮肤。
3. 大约10分钟后，用热水把浴盐冲洗掉。
4. 出浴。在腿部皮肤仍湿润时涂上润体霜。

美腿魅脚小秘方

人体的足部有丰富的穴位，刺激这些穴位，可达到疏通经气、调理气血、调节脏腑功能的作用。下面的足浴方法是通过足部药浴，使药性通过穴位直达脏腑，并施以足部穴位按摩，疏通经气，调理气血，进而活络腿部血脉，达到美腿魅脚的目的。

薰衣草姜汁足浴

Beauty & Health

［材料］

薰衣草精油 2 滴，姜汁 2 滴，基底油 10 毫升

制作方法

1. 将薰衣草精油、姜汁加于基底油中，混合后搅拌均匀。
2. 将 45℃ 的水倒入浴盆中，与药液混合。

使用方法：此方最好是早晚各 1 次，浸泡双足 30 分钟。

功效：生姜性味辛温，对于虚寒性体质或寒性体质的病症较适宜。

姜汁花足浴

Beauty & Health

［材料］

红酒 100 克，老姜 50 克，鲜花 2 朵

制作方法

1. 将老姜榨汁。
2. 把老姜汁与红酒一起倒入浴盆的热水中。
3. 在浴盆中铺上当天新鲜的鲜花花瓣。

牛奶蜂蜜浴

Beauty & Health

[材料]

牛奶 150 毫升，蜂蜜 5 匙，盐 50 克，苏打粉 50 克

制作方法

1. 先将苏打粉及盐放入浴盆中，再倒入牛奶与蜂蜜混合后搅拌均匀。
2. 倒入 40℃左右热水。
3. 采用高位足浴的方式浸浴双足。

适应症

对皮肤粗糙的女性效果最好。

玫瑰香油浴

Beauty & Health

[材料]

干玫瑰花 13 克，香油适量

制作方法

1. 将玫瑰花放入香油中加水煮约 3 分钟。
2. 用瓶子储存起来，每次沐浴放入浴水中。
3. 采用高位足浴的方式浸泡双足。

适应症

对青春痘有防治作用。

绿茶足浴

Beauty & Health

[材料]

绿茶5克，龙胆草5克

制作方法

1.将绿茶与龙胆草放入锅中，加适量水以文火煎煮30分钟。

2.过滤茶汁，将足部浸没在调好温度的茶汁中。

适应症

绿茶水可帮助防止皮肤老化，清除不洁物。

蒲公英足浴

Beauty & Health

[材料]

生姜50克，蒲公英100克，苏叶20克，热水适量

制作方法

1.先把材料煎煮成汁后倒入温水中搅匀。

2.用低位足浴的方式浸浴双足。

3.15～20分钟后擦干双足。

下肢美体浴

Beauty & Health

［材料］

柠檬草50克，迷迭香50克，薰衣草50克，水1000毫升

制作方法

1.将水倒入锅中煮沸后，加入所有花草，转中火煮约10分钟后熄火。

2.用滤网滤除花草残渣，将花草水倒入已经放入适量热水的浴缸内即可。

橘皮除纹霜

Beauty & Health

［材料］

A：酪梨油15毫升，广藿香油10滴，柠檬精油10滴，化妆品乳化剂1.5毫升

B：化妆品抗菌剂2毫升，水80毫升

制作方法

1.将所有材料A倒入玻璃器皿A中，搅拌均匀。

2.将所有材料B倒入玻璃器皿B中，搅拌均匀。

3.将器皿B杯内液体慢慢倒入器皿A内，并持续拌匀，再装入压瓶罐中。

常见腿部问题的食疗法

腿部浮肿成因

很多人的腿部都有轻微的浮肿现象。导致腿部浮肿的原因很多，如寒冷、运动不足、束缚腿部的靴子、进餐不规律、暴饮暴食、睡眠不足、激素平衡混乱、内脏机能低下、基础代谢低下等。想要拥有一双修长靓丽的美腿，除了平时运动、保养外，还得注意从饮食入手。

饮食建议 <<

在日常饮食中，做到低脂肪和高纤维相结合，远离油炸高热量食物。多摄入富含维生素的蔬菜和水果，这些食物有助于使盐分代谢出体外，促进血液循环，让新鲜的血液送达离心脏最远的腿部，加速脂肪的燃烧，消除体内过多脂肪，从而达到纤细双腿的目的。另外，腿部浮肿者要使双腿纤细有形，一定不要吃太多盐。如果盐分摄取过多，过多的水分囤积体内，会形成水肿型的胖胖腿。

吃哪些食物最对症 <<

平时可多食用含钾、维生素E、维生素B_2以及纤维素较丰富的水果蔬菜，如苹果、香蕉、芝麻、海苔、木瓜、西瓜、花生、猕猴桃、番茄、葡萄柚、菠菜、红豆等。

推荐菜品 <<

漂亮宝贝茶

Beauty & Health

[材料]

苹果1/4个，柠檬1/6个，蜂蜜3克

制作方法

1.锅中倒入350毫升水，放入苹果、柠檬煮2分钟至沸腾。

2.待凉后调入蜂蜜即可当茶饮。

水蜜桃莲藕汁

Beauty & Health

[材料]

水蜜桃150克，莲藕30克，凉开水100毫升

制作方法

1.水蜜桃洗净，去核，切小块。

2.莲藕洗净，切片。

3.将处理好的水蜜桃、莲藕、凉开水放入榨汁机中榨汁。

X形腿、O形腿

维生素D缺乏、营养不良、佝偻病后遗症等原因会造成X形腿和O形腿（俗称罗圈腿）。除了可通过运动锻炼来最大限度地予以纠正或弥补，还可多吃些含钙食物，也能起到美化腿的目的。

饮食建议 <<

平时可多摄取一些富含钙的食物，如牛奶、虾皮等海产品。同时，要注意补充维生素D，以利于钙质的吸收。另外，芹菜除含有丰富的纤维素和钾元素外，还含有大量容易被人体吸收的胶质性碳酸钙，对修饰双腿具有很好的功效。

吃哪些食物最对症 <<

含钙丰富的食物以牛奶为最佳，不仅因为牛奶的钙含量高，还因为牛奶中的钙极易被人体吸收利用。海产品如虾皮、小鱼干、紫菜、海带等均是富含钙的食物；豆制品如黄豆、黑豆、豆腐、豆腐丝、豆腐干等含钙也比较多；芝麻酱也是一种富含钙的食物。另外，蔬菜中也有许多高钙的品种。如雪里蕻、小白菜、油菜、茴香、香菜、芹菜等每100克含钙量也不少。

推荐菜品 <<

高钙汤

Beauty & Health

[材料]

香菇3朵，豆腐1块，熟黑芝麻5克，香菜1小把，香油1匙

制作方法

1. 锅中倒入500毫升水，放入香菇、豆腐煮5分钟至沸。
2. 将煮熟的汁倒入碗中，放入黑芝麻、香菜，淋上香油，即可食用。

腿部皮肤粗糙干燥

很多女孩子的腿部密密麻麻都是红点点，有很多像黑头一样的东西，一挤就出来一些白色物质，这样非常影响夏天穿裙子的美观。这主要是皮炎或毛囊炎所致，多是毛孔角质化的结果。要改善这一现象就不要穿太紧或太硬的裤子，注意个人清洁卫生。同时，也可通过饮食来改变腿部粗糙的皮肤。

饮食建议 <<

要注意少饮酒及食用酸、辣等刺激性食物，反复发作者平时应少吃油腻食物，多吃蔬菜、水果，增加维生素 A、维生素 C。尤其维生素 C，它有增强白细胞、吞噬化脓菌的作用。蔬菜中含有黄碱素和维生素 C，如果它们充足的话，化脓菌便停止分泌酵素，所以大量吃蔬菜的人，皮肤不易得毛囊炎，皮肤光泽，美丽动人。

吃哪些食物最对症 <<

富含维生素C的食品主要有：猕猴桃、荔枝、龙眼、核桃、西瓜、蜂蜜、梨、大枣、韭菜、菠菜、橘子、萝卜、莲藕、白菜、冬瓜、西红柿、大葱、柿子、丝瓜、香蕉、芹菜、黄瓜等。

推荐菜品 <<

奇异菠萝汁

Beauty & Health

[材料]

猕猴桃 2 个，菠萝 150 克，冰块半杯

制作方法

1. 将猕猴桃及菠萝分别洗净削去外皮，再切成块状。
2. 将猕猴桃块、菠萝块放入果汁机中打成汁状，放入冰块即可。

盘点瘦腿美腿食物

苹果

苹果含钙量比一般水果丰富很多，有助于代谢掉体内多余盐分。苹果酸可代谢热量，防止下肢肥胖。另外，苹果还含丰富的水溶性纤维质、果胶，可改善便秘。

番茄

番茄有利尿以及去除酸痛的功效，长时间站立的美女，可以多吃番茄去除腿部疲劳，番茄做成沙拉、果汁或直接吃都可以。

木瓜

吃了太多的肉食，脂肪容易堆积在下肢。木瓜里的蛋白分解酵素、番瓜素可帮助分解脂肪，降低胃肠的工作量。让肉感的双腿慢慢变得更骨感。木瓜中的果胶成分还有调整肠胃的功能。

西瓜

清凉的西瓜拥有利尿元素——基酸柠檬黄素，可以使盐顺利随尿排出。对膀胱炎、心脏病、肾脏病颇具疗效。此外，它的钾含量不少，有利于消除水肿，不可小看它修饰双腿的能力。

红豆

红豆的石碜酸成分可增加肠胃蠕动，减少便秘，促进排尿，消除心脏或肾脏病引起的浮肿。所含纤维素可帮助排出体内盐分、脂肪等废物，对美腿有百分百的效果。

海苔

海苔富含维生素 A、维生素 B_1、维生素 B_2，还含矿物质和纤维素，对调节体液平衡好处良多，想纤细玉腿可不能放过它。

香蕉

美味的香蕉含有特别多的钾，所含脂肪与钠却低得很。符合美腿的营养需求。

柚子

柚子所含的枸橼酸成分可使新陈代谢更顺畅。而且热量低、含钾高。

菠菜

多吃菠菜可以使血液循环更活络，将新鲜的养分和氧气送到双腿，恢复腿部元气。怕腿部肌肤干糙、提早出现皱纹，就学大力水手多吃菠菜吧。

猕猴桃

猕猴桃的维生素 C 含量高众所皆知，其实它的纤维素含量也相当丰富。水果纤维能增加分解脂肪酸素的速度，避免过剩脂肪让腿部变粗。

芹菜

芹菜拥有大量的胶质性碳酸钙，容易被人体吸收，补充笔直双腿所需的钙质。食用芹菜对心脏有益，又有充沛的钾，可预防下肢浮肿现象。

苦瓜

苦瓜中能提炼出一种奎宁精物质，含有生理活性蛋白，能提高免疫系统的功能，常吃苦瓜还能增强皮层活力，使皮肤变得细嫩健美。

苦瓜苹果汁

Beauty & Health

[材料]

苦瓜 100 克，苹果 40 克，柠檬 1 片，凉开水 300 毫升

制作方法

1. 苦瓜洗净去籽切小块，苹果去皮切小块，备用。
2. 将苦瓜块、苹果块、凉开水放入果汁机中，打成汁。
3. 饮用时加入柠檬片即可。

TIPS：因为苦瓜性寒，体质过于虚弱的女性，需要有节制地食用或是加入月桂粉。

番茄苹果汁

Beauty & Health

[材料]

番茄 100 克，苹果 120 克，冰块半杯

制作方法

1. 苹果洗净去皮，去核，切小块备用。
2. 番茄洗净去皮并切小块，与苹果块一同放入果汁机中，加入适量凉开水打匀成汁。
3. 杯中加入冰块即可。

菠萝苦瓜汁

Beauty & Health

[材料]

菠萝130克，苦瓜40克，青椒30克，凉开水1杯，养乐多1瓶

制作方法

1.菠萝洗净，削皮，取果肉，切小丁。

2.苦瓜、青椒洗净，切开，去籽，切小块。

3.将处理好的菠萝、苦瓜、青椒和凉开水、养乐多依序放入果汁机中搅打即成。

彩虹鲜果汁

Beauty & Health

[材料]

木瓜1颗，葡萄5颗，炼奶1大匙，凉开水300毫升

制作方法

1.将木瓜放入果汁机加适量水打碎倒入杯中。

2.再将葡萄、炼奶、100毫升凉开水倒入果汁机打至细密倒在木瓜浆上。将剩余凉开水倒在葡萄浆上即可饮用。

香蕉豆浆

Beauty & Health

[材料]

熟黄豆粉1小匙，豆浆50毫升，香蕉1根，芝麻适量

制作方法

1.香蕉去皮，切成适当大小，和熟黄豆粉、豆浆一起倒入果汁机中打匀。

2.倒入杯中撒上芝麻就完成了。

鲜奶西瓜球

Beauty & Health

[材料]

西瓜2500克，鲜奶500毫升，白砂糖200克，淀粉15克

制作方法

1.锅中倒入鲜奶和白砂糖，加入清水约200毫升，煮沸后，放入淀粉拌匀。盛入碗中，待冷却后放入冰箱备用。

2.西瓜切成两半，用勺子将瓜瓤挖成圆球状，放进冰箱冷藏20分钟。

3.食用时，取出鲜奶汁及西瓜球，将鲜奶汁浇在西瓜球上即可食用。

性感女人的必备武器——高跟鞋

高跟鞋的确是美丽长腿如影相随的好搭档。很多女性都喜欢穿高跟鞋，不但使双腿显得修长，走路轻盈潇洒，还具有消除脚踝处多余脂肪的作用，令脚踝纤细漂亮。

高跟鞋扮靓长腿小秘密

高跟鞋令女性显得高挑的关键之处在于它令脚背挺起来，在视觉上与小腿形成一条连续的线，产生了腿变长的错觉。因此，无论是站、是坐，你的腿都会显得更长。但是，穿高跟鞋时，一定要注意选择高度适中的鞋跟。过高的鞋跟不仅对身体健康不利，还让人走起路来踉踉跄跄的，优雅的风度也随之消失殆尽。

选择适合自己的高跟鞋

厚底楔型高跟鞋 <<

厚底楔型高跟鞋在为人们拔高美腿长度的同时，鞋跟造型上更显秀气，编织和镂空效果的加入，让厚底鞋在视觉上轻盈了许多，给小号美女们多了一个舒适又美丽的选择。

细细的高跟粽子鞋 <<

这种缠缠绕绕的鞋面可不是谁都能胜任的。对脚面覆盖比较多的，以及脚踝上有多层绕圈的鞋，完美的长腿是必要的条件。身材娇小的鞋，则应选择鞋面短些，鞋面造型简洁的鞋。

丽人美腿志

适当搭配造就完美双腿

紧身牛仔裤与长靴搭配穿着时，大腿至脚尖的曲线会显得更加笔直、美丽。选择浅口鞋时，微微露出脚趾会给人留下俏皮、可爱的视觉印象。

避免以在脚踝处系带的鞋款衬九分紧身裤，在脚踝部位还露出一小块皮肤，会显得不伦不类。

对于不能长时间穿高跟鞋的女生，在选择平底鞋时，可向修长的鞋形，或鞋面有V形等方向性细节的款式入手，也可令腿部显得较为修长。

腿型不太完美的女性，穿紧身裤时，应配搭脚面开口较浅、较简单的款式，比如鱼口鞋。

选择合适的靴子塑造完美腿形

腿短MM的合适靴款

靴子对于女孩来说最大的优点莫过于它能够最大限度地藏起腿部的缺点，展露优美的线条。在选择靴子的时候，最好选高跟的，可以很明显地垫高腿部。同时尽量选择比较紧的靴款，当然要能穿上！

这样搭配 <<

下装绝对不能拖沓，那会使本来就不长的腿部变更短。百褶短裙或短裤都是不错的选择，颜色艳丽一点也没有关系，只是要注意花纹尽量不要太大，否则会更显身材矮小。

这样搭配就错啦 <<

腿短MM不能选择厚跟和宽口的靴款，这样会使腿部视觉效果横向放大。最好不要太多装饰的靴子，太过累赘反而会有喧宾夺主的反效果！

萝卜腿MM的合适靴款

小腿粗壮的MM有很多是属于遗传的，她们也许别的地方都很纤瘦，但一双小腿却怎么也细不下来，那么你可以选择一款中长型的靴子将小腿藏起来。靴子上面适宜带有一些垂直的图案花纹，把人的视线引向纵深方向。褶皱型的靴子和曾经很流行牛仔靴也是不错的选择。如果靴子是采用系带式的设计则最好是一直系到鞋边。

这样搭配 <<

对于萝卜腿MM，宽松休闲型的5分裤和中裙也可以搭配，不过在裙子的选择上H形的裙子会比宽摆的更好，不要因为想要掩盖缺陷而穿得太过夸张，刚刚好就可以了，不要太过头。

这样搭配就错啦 <<

中等偏短的靴长是萝卜腿MM最大的忌讳，刚刚卡在小腿肚下面等于将你的缺陷放大了。也不能搭配袜裤一类太轻薄又太紧身的下装。太细的鞋跟也很不利，因为它们会和你粗壮的小腿一起形成一个倒三角的形状，让人为你的平衡捏一把冷汗。

大象腿MM的合适靴款

大腿粗壮的MM在选择靴子的时候，要避讳的并不是很多，因为一般的靴子都是在膝盖以下的。但是也不能毫无顾忌，大腿的粗细程度也很影响靴子的穿着效果。建议选择带有皱褶设计的靴款，用靴子的体积感来中和大腿部分的不完美。还可以选择一些鞋口比较宽的靴子，但是不宜宽得太夸张，如果鞋口宽于小腿太多的话会反衬出小腿与大腿粗细的差别。

这样搭配 <<

五分裤和中裙是最适合的选择，一些斜纹或者小格纹图案都有视觉收缩的效果。但如果你觉得这种搭配太过于平凡的话，也可以尝试穿着裤脚收紧的马裤，帅气的造型一定能为你的魅力加分。若再加上一件中长款的大衣就更完美了。

这样搭配就错啦 <<

不能选择太短的靴子款式，细跟也不适合，会有一种头重脚轻的感觉。

O 形腿 MM 的合适靴款

带有翻边设计的中长靴，如果靴子上带有比较明显的图案可以转移他人视线。后跟可以高一点，这样人在行走的时候会不自觉地抬头挺胸，夹紧双腿，在一定程度上缓解 O 形腿的烦恼。

这样搭配 <<

选择不是太紧的裤装或者五分裤及中裙。通过全部掩盖或部分隐藏，将腿部分区打理，减少整体上的 O 形曲线。

这样搭配就错啦 <<

选择外侧带有绒球或其他装饰物件靴子，会让人更加注意到腿的曲线向外弯曲。比较紧的长靴也不能选择，因为它会毫无保留地勾勒出你的 O 形腿。

X 形腿 MM 的合适靴款

带有翻边设计的中长靴对有 X 形腿烦恼的MM同样适合，有所区别的是对于这一类型的 MM 可以选择鞋边外侧带有明显装饰物的靴子，这样可以使膝盖部位看起来与上下宽度比较一致。

这样搭配 <<

选择宽摆的中裙或者5分裤都很不错，若是想选长款的裤装则最好是选膝盖部位有口袋等装饰的裤子，裤腿可以窄一些，但是要在膝盖处有装饰设计的前提下。

这样搭配就错啦 <<

最好不要选择贴身型的窄腿靴款。虽然可以瘦身，但是却让你的 X 型腿更加明显。所以说，好的修身效果有时候反而是一种负担。

丝袜即刻提升双腿魅力

丝袜，堪称腿的第二层皮肤。流行的色彩，不同的长度，各式的网眼印花、蕾丝，带给人或成熟、或职业、或可爱、或性感的感觉。丝袜是在细节上追求尽善尽美的你，绝对离不开的装备。除了可以遮盖美腿上的微小瑕疵，更重要的是，它们就像是魔法师，瞬间就将你的双腿打扮得花枝招展，让你成为众人的焦点。

根据场合选择丝袜

在公司 <<

日常忙于上班的职业女性，不妨选一些素色的丝袜，银灰、深蓝、黑色会让你展现冷静、智慧的一面；如白色或珠灰的丝袜搭配高亮度的灰色或白色职业套装，素雅干净，清晰地表现出女人冷静、智慧的职业个性。较小的鱼网纹搭配职业装也别有一番风情，既时髦又不失大体，只要记住深色服装配深色丝袜，浅色服装配浅色丝袜这一基本方法就可以了。

休闲 <<

周末穿上一件心仪的裸露膝盖的短裙，搭配一双长过膝部的侧面有辫状皱褶和迷你斑点的半透明紧身袜，既轻松、又惬意，非常适合。

娱乐场所 <<

娱乐场所是非常个性化的地方，聚集年轻人也不少，适宜穿着艳丽的丝袜表现自我，明橙、柠黄、水绿是个性的选择，会吸引不少眼球呢！

根据腿形选择丝袜

身材高挑、腿形优美 <<

腿形优美的女性选择色彩鲜艳的丝袜，如明黄、天蓝等，另外，鱼网纹、通花丝袜、饰边丝袜以及纺织出各种图案的丝袜都非常适合你的优美腿形，但一定要注意全身服饰的色彩不要超过4种，并要注意与穿着场合的搭配。

腿短 <<

腿短的女性宜穿深色无图案的丝袜。后边起骨（有一条纵分割线）袜和素色袜，穿着时会使双腿有一种延长的线条美，使腿部更加有形，显得修长，是腿短女性较理想的选择。

腿部较粗 <<

粗腿的女性穿深色、直纹和细条花纹丝袜，可使腿部显细，任何淡色和鲜艳颜色的丝袜对腿粗者都是不合适的。

得体着装炫美腿：牛仔裤

根据需要选择不同的款型

喇叭裤 <<

喇叭裤是从大腿到膝盖处逐渐收紧、从膝盖开始不断敞开的款型。这一款型的牛仔裤能遮盖臀部大、大腿粗的缺点。

萝卜裤 <<

特点是越向下走裤口越细。整个裤型呈倒三角形。由于曲线比较细长，因此比较适合个子矮小的女性穿着。

直筒裤 <<

裤子的宽度从上到下一致。能够掩盖女性大腿粗壮、小腿和膝盖曲线不佳的缺陷。

低腰裤 <<

低腰裤虽然有不错的收臀效果，但腰部周围的赘肉却往往容易被挤出来。选择前面裤裆较浅、后面裤裆较深的裤型可以让臀部的曲线显得更加圆润。

七分裤 <<

建议身材矮小的女性选择穿七分裤。如果再配上一双高跟鞋的话，就能起到提升身体重心、抬高身材的效果了，让个子矮小的女性显得腿长。

哪款牛仔裤最适合你

臀部肥大的MM <<

最好穿合身而暗色光滑的牛仔裤，不要穿臀部有口袋、横线或绣花的牛仔裤。

腿整体粗胖的MM <<

宽宽的直筒裤，隐蔽了腿部的线条。整体宽松的直筒裤，可完全掩饰较粗胖的腿，特别是针对小腿粗胖的女性，是强力的搭配品。

O形腿的MM <<

宽松设计款式，全效遮饰。刻意做成怀旧感觉的直筒裤，大腿处刷白及皱褶痕迹的处理，可将腿部线条隐藏起来，切莫穿紧身的款型，否则缺点将更明显。

丽人美腿志

了解自己的腿部特点，多多进行试穿

我们几乎每天都要穿裤装，因此才更应该选择一条能够凸显美腿线条的裤子。要真正选择一条大小合适的裤子其实很难，这时反复试穿是非常关键的。同一款型的裤子至少应该试穿两个不同的尺码后再作决定。不同的品牌，其尺寸有时也有差异，选择的时候需要特别注意。另外，带有弹力的牛仔裤在长期穿着之后可能会被拉长，一定要全面考虑到这些因素后再进行选择。

短腿的MM

宜选购直筒的牛仔裤，上面不要有横线，否则会使腿看起来更短。同时，裤后不要有口袋，前面的口袋必须是斜口袋。可以利用高跟鞋，使腿部显得较长。

长腿的MM

长腿MM穿任何服装都很好看，尤其是穿牛仔裤。贴身的牛仔裤可显示出长腿的优点，修长而帅气，不妨多多利用。

粗腿的MM

应穿直筒的或裤管宽大的牛仔裤。

臀部瘦小的MM

可以穿任何一种牛仔裤，但是如果你想使臀部看起来比较丰满，最好选购后面有大口袋、绣花或漂亮缝线的牛仔裤。

额外叮嘱

- 穿起来后裤线会绕到前面的牛仔裤看起来显腿较长。
- 如果你讨厌会松懈的牛仔裤，最好选择没有弹性的裤子。因为没有弹性的牛仔裤在你穿着它时会对你的身材有“记忆”，坚持穿着它（不要水洗），它就会形成最适合你的形状。一旦水洗，它就会变回原形。
- 不要买在你身材有缺点处设计了磨白、装饰物或破洞的牛仔裤，它们只会放大缺点。
- 所有的牛仔裤都会或多或少地松懈，如果这条牛仔裤本身就使用了较脆弱柔软的面料，它就更容易变形。同样，经过更多道加工工序制作的牛仔裤也比较容易变形。
- 牛仔裤后面的口袋位置最好在你臀部各侧的正中间，如果它们设计的间距较远会让你显得臀部大。
- 选购萝卜裤时，看看膝盖下方有没有特别强调裤形的线条设计，如果有的话会让你的侧面看起来更美。
- 如果你比较胖，尽量选择有大扣子、大铆钉、大口袋设计的款型，两相对比会令你的身材苗条一些。
- 过于低腰很容易露出屁股沟。
- 如果腰部有赘肉，牛仔裤又紧身，超低腰会把它全部挤迫出来。也就是说，你自己给自己套了个游泳圈。
- 贴身的牛仔裤更显腿型。如果牛仔裤的裤脚部分皱皱巴巴、毫不平整，那只会白白浪费好不容易瘦下来的腿部曲线。应该在购买牛仔裤的时候当场检查裤脚部分的尺寸。如果裤脚部分能够裁剪得遮住脚背且脚后跟处稍长，就可以穿出您期待的修长效果了。

得体着装炫美腿：裤装

选择长裤时需要注意的细节

带花纹的长裤 <<

方格、花纹、长条等带有细碎纹路的长裤可以起到很好的腿部装饰作用。相反，形状较大的花纹只会让体型看起来更宽、更大，一定要特别注意。

稍肥的裤脚 <<

裤脚稍肥一点可以强调出脚踝的纤细线条，从而增添视觉的美感。

宽松的腰部 <<

腰部的剪裁稍微宽松一点，能够有效地遮掩小腹的缺陷，让腹部曲线看上去更加平缓。

裤腿收紧的长裤 <<

休闲裤等裤腿收紧的长裤可以让收紧的部分看起来更加纤细，给人留下腿部瘦长的印象。另外，还可以选择裤脚带有花边的长裤，以突出女性的独特魅力。

靓MM教你穿长裤

小腿较粗的MM <<

需要穿盖过小腿的长款、深颜色的裤子。最好不要选择长度刚好到小腿肚的紧腿裤，由于视线落在小腿最多肉的位置，所以更容易引起粗腿的错觉。

腿不直的MM <<

可以选择长度在小腿中央之间的款式，注意不要选择长度直到脚踝的款式，那样会把双腿全部紧裹住，让弯曲的线条更加明显了。在冬天可以套双长筒靴，有型之余又能遮蔽缺点。

大腿粗的MM <<

适合选择深色七分紧腿裤，遮掩大腿的粗壮线条。同时可以搭与A字裙，通过宽裙摆与细腿形成的对比，造成长腿的视觉感。大腿粗的女孩子不太适合穿紧身的裤子，因为它太容易暴露出腿的缺陷。

腿短的MM <<

短腿的MM一般不适合穿长裤，特别是直筒裤。如果能顺其自然地穿萝卜裤，不失为因势利导的一种穿着。可以通过选择与下装同色系的上衣款式来拉长腿部，由于色彩的一致性会让视线随之延伸，可以造成长腿的视觉假象。

腿细的MM <<

腿细的MM穿造型修长一点的裤子会比较漂亮，比如用全毛面料制做的长裤。在色彩选择上以偏向明亮、淡雅的色调为宜，穿上这样的长裤自然会显得双腿丰满。

O形腿的MM <<

裤管过紧的长裤只能将O型腿的缺陷暴露无遗，而选择喇叭形的长裤则可以有效地掩盖O形腿的腿部缺点。

点睛之笔：让指甲也时尚起来

如何展现脚甚至是腿的魅力？学用指甲油是最简单易行的方法！在小巧的指甲上涂上红色或是粉色的甲油让追求时尚的女性们乐此不疲，除了一些常用的颜色外，还可以根据不同裤装或是裙装进行搭配。

如何合理选择甲油的色彩

甲油的颜色主要是根据服装及唇膏的颜色来选择的，最好选同一色系的。如果你经常换不同色系的服装，那么建议你选用浅色、金属色或米色系的。如果你手或是脚的肤色比较暗，可以选择较深的颜色来衬托肤色。一般而言，肤色深者应选用红色、棕色等较深的颜色；肤色较白者适合任何色彩，尤其是珠光色甲油（盛装宴会，可用带有珠光的颜色），脚指甲上的颜色应选择深色或闪亮的珠光色。

美甲需要准备的工具

指甲油

购买指甲油不可贪图便宜，应挑选有国家批准号的大品牌指甲油。同时，要检查指甲油的生产日期。

脚趾垫

在给指甲上色时，夹在脚趾之间，防止颜色染到脚趾。

纱布

蘸湿水后用来将脚趾上的软皮和污垢清除干净。

修甲板

调整指甲长度和形状的纸板。

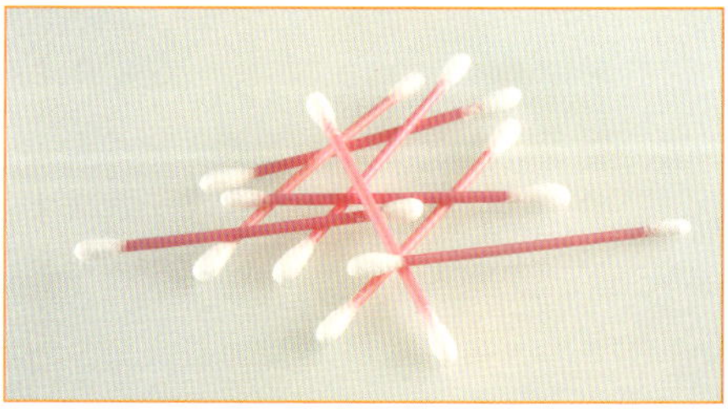

清洁棒

用来处理软皮的工具。可以沿着软皮的方向轻轻按压，擦拭。

制造炫彩指甲

根据甲形选甲油 <<

●**方形**：展现时髦鲜明的个性，各种金属色都很适合，方形指甲也是最适合脚趾的甲形。

●**椭圆形**：突出女性温柔、雅致的甲型。适合稍胖而美的脚，选粉色等淡雅的甲油会更添美丽。

●**方圆形**：是最不易折断的形状，适合指甲脆弱的人。这种甲形适应涂深色的甲油，且适合显瘦的、骨节明显的脚。

●**尖形**：充分展示古典风格的个性派甲形。

修正甲面 <<

为了能突出完美漂亮的指甲，要运用三用指甲锉去除甲面的凹凸不平。

护理嫩肤 <<

对于指甲根比较硬的死皮如果不进行处理，使用再美的指甲油也涂不出漂亮的指甲。一周最好用一次角质层软化剂及去皮剂对死皮进行处理。

涂指甲油要点 <<

1. 卷起纱布，稍稍蘸湿，将指甲表面的污垢清除干净。
2. 垫上脚趾垫使用基础护甲液去除油分，涂抹均匀。
3. 涂抹指甲油。涂出来的部分可以使用棉棒蘸上基础护甲液进行擦拭。
4. 待充分干透后，取下脚趾垫。

注意：不论何种指甲油，只要涂久了，指甲便没有呼吸，极易变黄，所以涂指甲油前和除去指甲油后，最好能上一层保养油。

怎样处理破损甲油

可以用洗甲水去除甲油，重新涂抹整个甲面，保持最佳整体效果。如果应急的话，一只手指尖蘸少许洗甲水，轻轻按在破损处，溶开甲油，待刮伤被掩盖后，用同色甲油再整体涂一次。

一些小秘密

●尝试一下闪耀的法式美甲，从一块大的粘贴衬纸上切下指甲形状的小片，粘在每个指甲上，注意要露出指甲的边缘。涂上闪亮的银色指甲油，然后剥去衬纸，最后涂上表层护甲油。

●指甲油可任意调色的，不必去买一大堆指甲油，只需买几个主色，用重叠配色便会收到意想不到的效果。

●重叠配色时，可光涂一层高彩度的灿亮色系，再涂上一层充满珍珠质感的太空色。

●在不透明的指甲油上涂一层炫光指甲油，就可马上变得时尚。例如先涂一层透明的桃红色甲油，上面再涂亮橘色指甲油。

●沾上旧的眼线膏混在亮的指甲油中，装饰出点状、旋涡状或花瓣状的图案，通过这样的方法来画出各种漂亮的指甲。

丽人 美腿志

修甲去死皮

用剪子修剪指甲，并利用指甲锉将甲形修整得顺滑整齐一点。然后将数滴软化死皮甲油涂抹在每只脚趾上，以将硬脚皮软化，再用磨死皮专用的小挖子推抹死皮。最后，可用小钳子将粘在甲边的死皮轻轻清掉。

图书在版编目(CIP)数据

10分钟瘦腿美腿/凰朝工作室编著. -北京：中国纺织出版社，2012.9
ISBN 978-7-5064-5182-6
Ⅰ.1… Ⅱ.凰… Ⅲ.①女性-腿-健身运动②女性-腿-减肥-食物疗法 Ⅳ.G831.3 R247.1
中国版本图书馆CIP数据核字（2008）第077964号

策划编辑：尚 雅　　责任编辑：向 隽　　责任印制：刘 强
美术编辑：穆 丽　　装帧设计：刘金华 旭 晖

中国纺织出版社出版发行
地址：北京东直门南大街6号　邮政编码：100027
邮购电话：010-64168110　传真：010-64168231
http://www.c-textilep.com
E-mail:faxing@c-textilep.com
北京博艺印刷包装有限公司印刷　各地新华书店经销
2012年9月第1版第2次印刷
开本：635×965　1/16　印张：6
字数：100千字　定价：20.00元